2024年版 プロ野球 問題だらけの12球団

小関順二

草思社

はじめに

昨年２月に『２０２３年版問題だらけの12球団』を上梓してから、野球界にはいろいろな〝吉事〟があった。３月22日にはＷＢＣの決勝がアメリカ・マイアミのローンデポ・パークで行われ、日本がアメリカを３対２で下し、09年以来14年ぶり３回目の優勝を飾った。23年シーズン終了後には大谷のドジャース移籍が話題になった。10年総額７億ドル（約１０１５億円）という破格な内容で、大谷に続いて山本由伸（オリックス）がポスティングシステムを活用してドジャースに移籍、契約内容は12年総額３億２５００万ドル（約４６５億円）に達し、オリックスに支払われる譲渡金は５０６０万ドル（約72億円）だという。

さらに、今永昇太（ＤｅＮＡ・投手）がカブスと４年５３００万ドル（約77億円）の大型契約を結んだことから、「このままでは日本の球界はＭＬＢのファームになってしまう」という声がメディアを賑わしたが、私は日本の球界が以前より奥行きを増したと思った。

朝にメジャーリーグで活躍をしている大谷や山本をテレビで観戦し、昼は甲子園大会期間中ならＮＨＫ放送で高校野球を観て、夜は贔屓《ひいき》チームのナイターをテレビなり球場へ出かけるなりして観ることができる。現代の野球ファンはひょっとしたら史上最も恵まれた環境に身を置いているのかもしれない。

さて、本書は12球団均等に頁数を割いて、批評しているという点で異色である。投手力、攻撃力、ドラフト戦略に目を配りながら、各球団の向かっている方向に光を当てているが、まず注目するのは各球団のトピックだ。今年度版なら次のような項目が頭に浮かんだ。

阪神＝38年ぶりの日本一、広島＝5年ぶりのAクラス浮上、DeNA＝サイ・ヤング賞投手、バウアーの去就、巨人＝2年連続Bクラス、ヤクルト＝村上宗隆の不調、中日＝2年連続最下位、オリックス＝リーグ3連覇、ロッテ＝佐々木朗希の未来、ソフトバンク＝王座転落、楽天＝安樂智大のパワハラ、西武＝投手王国、日本ハム＝エスコンフィールド北海道　阪神とオリックスが最も明るい話題に囲まれているが、両球団とも15年くらいまでは悪口ばかり書いていた。旧知のオリックススカウト氏から「面白く読んでいるけど、そこまで書かなくてもいいじゃないか、と思うことがある」と釘をさされたことがある。

それが20年版から様相が変わってきた。山本由伸を4位指名した16年のドラフトからチーム作りが変わってきたのだ。阪神も15年オフに金本知憲氏が監督に就任し「盗塁王、4番打者、エースになれる選手を獲る」戦略に変えてから、チーム作りが180度変わった。阪神・オリックスの両球団を見ると、プロ野球のチームは7、8年でまったく別モノに変えることができるのだとわかる。

24年1月27日、パ・リーグTVは、各球団監督による座談会の模様をアップした。この中でソフトバンクの小久保裕紀監督が「紅林をなぜ使おうと思ったのか」とオリックスの中嶋聡監督に聞くと、「鈍感力というか、あんまり動じずにいろんなことにチャレンジしてくれるっていうのは、なかなかウチのチームにはいないタイプだったので」と答えた。

20年オフ、ソフトバンクの一軍ヘッドコーチに就任した小久保氏の目には、入団2年目の紅林弘太郎は「でかいだけの下手くそな選手」にしか映らなかったのだろう。

この紅林は2026年に開催されるWBCの、ショートのレギュラー候補である。187センチ、94キロのショートなど、他にいただろうか。ショートのポジションに立っているだけで華がある選手は稀である。長打力があり、三遊間からの強肩もひときわ目を引く。こういうレギュラーがいるのに23年秋のドラフトでは高校生ナンバーワン遊撃手の横山聖哉（上田西高）を1位で単独指名した。この指名は本当にすごいと思う。

ファームに目を移すと、23年までイースタン・リーグ7球団、ウエスタン・リーグ5球団で戦っていたファームに24年から2球団が加わる。静岡市を本拠地とする「ハヤテ223（フジサン）」はウ・リーグに、新潟市を本拠地とする「新潟アルビレックス・ベースボール・クラブ」はイ・リーグに所属する。読売新聞オンラインは「同構想はあくまで二軍戦への参加で、12球団による一軍戦の拡大は想定していない」と紹介しているが（23年9月29日配信）、私には将来的な球団の拡大を示唆しているようにも思え、好感が持てた。

ベースボール世界ランキングは、日本が5772ポイントで1位、2位はメキシコの4709ポイントである（23年11月2日現在）。WBSC（世界野球ソフトボール連盟）公認の国際大会でU－12からトップチームまでの代表チームが残した成績をもとに決められるもので、18年12月以来、日本がトップを守り続けている。

〝侍ジャパン〟で検索していたら、台湾で開催される「第7回 WBSC U－12ワールドカップ」に出場する代表選手の第一次選考が、「デジタルチャレンジ」という方法で実施されるとあった。どういうことかというと、バッティング、ピッチング、フィールディング、スローイング（捕手のみ）を自分で動画撮影し、それで応募するというのだ。これまでの代表選考は上にいる人たちが勝手に候補に挙げて、勝手に選び、落とす仕組みだったが、U－12代表メンバーの第一次選考に限っては自分で応募できることを知り、妙に心が騒いだ。

ここまで侍ジャパンのWBCでの活躍、日本人選手のメジャー挑戦、国内のペナントレースの動向とファーム組織の改革などを紹介してきたが、日本の球界がいい方向に向かっていることがわかる。これらのことを頭の隅にとどめて本書を読んでいただけたら、書かれている内容以上のことが頭に思い浮び、野球への興味がどんどん広がっていくと思う。

小関　順二

2024年版
プロ野球
問題だらけの
12球団

目次

パシフィック・リーグ 戦力徹底分析！ 109

この本の構成と楽しみ方

12球団を均等に徹底批評

▶本書は2000年より毎年「年度版」として刊行され、今年で25冊目を迎えるシリーズである。本書の特徴は、セ・パ12球団に均等なページを割いて批評した点。また、各球団の現状だけでなく、数年先の野球界も俯瞰《ふかん》しながら、客観的に選手やチームの実力を見定め、批評した。

▶88年以来36年間にわたり、常に批評することを意識してプロ・アマ合わせて5800試合以上を球場で観戦してきた。本書はその折々に書きとめた「観戦ノート」をもとに各球団の戦力分析をしたものである。一軍のみならず、二軍やアマチュアの試合にも注目するのは、長期的な視野で選手を見ようとしているからだ。

▼各球団解説の構成はすべて、「総論」「スタメン分析」「ピッチングスタッフ分析」「直近のドラフト分析」からなる。球団の順番は昨年の日本シリーズ勝者・阪神に敬意を表し、セ・リーグの上位チームからスタートしている。なお、本文中にはさまざまな数字が登場するが、野球は他のスポーツにくらべ記録の面白さを追求する側面を持っている。私も数字の魅力に取りつかれている人間なので、本書中で多く紹介している。

カバー写真撮影　田寺　龍
球団扉写真　産経新聞社

セントラル・リーグ 戦力徹底分析！ 2024

2023年データ

チーム	勝	敗	分	勝率	差	打率	得点	防御率
阪　神	85	53	5	.616	―	.247③	555①	2.66①
広　島	74	65	4	.532	11.5	.246④	493⑤	3.20④
DeNA	74	66	3	.529	12.0	.247②	520④	3.16③
巨　人	71	70	2	.504	15.5	.252①	523③	3.39⑤
ヤクルト	57	83	3	.407	29.0	.239⑤	534②	3.66⑥
中　日	56	82	5	.406	29.0	.234⑥	390⑥	3.08②

※○内数字は順位
※クライマックスシリーズでは、シーズン2位の広島がファーストステージにおいて同3位のDeNAに2勝0敗。ファイナルステージではシーズン優勝の阪神が広島を4勝0敗で下し日本シリーズ進出

個人タイトル

部門	タイトル	選手	記録
	MVP	村上　頌樹(神)	
	新人王	村上　頌樹(神)	
打撃部門	打率	宮﨑　敏郎(デ)	.326
打撃部門	打点	牧　秀悟(デ)	103
打撃部門	本塁打	岡本　和真(巨)	41
打撃部門	安打	牧　秀悟(デ) 中野　拓夢(神)	164
打撃部門	出塁率	大山　悠輔(神)	.403
打撃部門	盗塁	近本　光司(神)	28
投手部門	防御率	村上　頌樹(神)	1.75
投手部門	勝利	東　克樹(デ)	16
投手部門	勝率	東　克樹(デ)	.842
投手部門	HP	島内　颯太郎(広)	42
投手部門	セーブ	岩崎　優(神)	35
投手部門	奪三振	今永　昇太(デ)	174

セ・リーグ2023年ドラフト会議指名結果

球団	順位	選手	守備	所属
阪神 タイガース	1位	下村　海翔	投手	青山学院大
	2位	椎葉　剛	投手	徳島インディゴソックス
	3位	山田　脩也	内野手	仙台育英高
	4位	百﨑　蒼生	内野手	東海大学附属熊本星飛高
	5位	石黒　佑弥	投手	JR西日本
	6位	津田　淳哉	投手	大阪経済大
広島東洋 カープ	1位	常廣　羽也斗	投手	青山学院大
	2位	高　太一	投手	大阪商業大
	3位	滝田　一希	投手	星槎道都大
	4位	仲田　侑仁	内野手	沖縄尚学高
	5位	赤塚　健利	投手	中京学院大
横浜DeNA ベイスターズ	1位	度会　隆輝	外野手	ENEOS
	2位	松本　凌人	投手	名城大
	3位	武田　陸玖	投手	山形中央高
	4位	石上　泰輝	内野手	東洋大
	5位	石田　裕太郎	投手	中央大
	6位	井上　絢登	外野手	徳島インディゴソックス
読売 ジャイアンツ	1位	西舘　勇陽	投手	中央大
	2位	森田　駿哉	投手	Honda鈴鹿
	3位	佐々木　俊輔	外野手	日立製作所
	4位	泉口　友汰	内野手	NTT西日本
	5位	又木　鉄平	投手	日本生命
東京ヤクルト スワローズ	1位	西舘　昂汰	投手	専修大
	2位	松本　健吾	投手	トヨタ自動車
	3位	石原　勇輝	投手	明治大
	4位	鈴木　叶	捕手	常葉大学附属菊川高
	5位	伊藤　琉偉	内野手	新潟アルビレックスBC
中日 ドラゴンズ	1位	草加　勝	投手	亜細亜大
	2位	津田　啓史	内野手	三菱重工East
	3位	辻本　倫太郎	内野手	仙台大
	4位	福田　幸之介	投手	履正社高
	5位	土生　翔太	投手	茨城アストロプラネッツ
	6位	加藤　竜馬	投手	東邦ガス

阪神タイガース

木浪聖也

「アメとムチ」を巧みに使い分ける岡田監督の手腕

年	シーズン順位	交流戦順位	観客動員数
2019	3位	10位	309万1335人（1位）
2020	2位	—	51万7944人（3位）
2021	2位	2位	74万9433人（3位）
2022	3位	2位	261万8626人（1位）
2023	1位	10位	291万5528人（1位）

★（　）は12球団中の順位

選手の年齢構成（阪神）

年齢	投手	捕手	一塁手	二塁手	三塁手	遊撃手	外野手
19				戸井零士		山田脩也 百﨑蒼生	井坪陽生
20	門別啓人 茨木秀俊	中川勇斗					
21	森木大智						前川右京
22	下村海翔 椎葉剛					髙寺望夢	
23	西純矢 及川雅貴 富田蓮 石黒佑弥 津田淳哉	藤田健斗				遠藤成	井上広大
24	鈴木勇斗					小幡竜平	森下翔太 野口恭佑
25	湯浅京己 桐敷拓馬 岡留英貴				佐藤輝明		
26	浜地真澄 村上頌樹 岩田将貴 才木浩人	榮枝裕貴					小野寺暖
27	石井大智						豊田寛
28	伊藤将司 漆原大晟		髙濱祐仁			中野拓夢	島田海吏 植田海
29	大竹耕太郎 ビーズリー ゲラ			渡邉諒		熊谷敬宥	ミエセス
30		長坂拳弥 片山雄哉	大山悠輔			木浪聖也	近本光司 ノイジー
31	青柳晃洋 島本浩也	坂本誠志郎					
32			原口文仁	糸原健斗			
33	岩貞祐太 秋山拓巳 岩崎優 加治屋蓮	梅野隆太郎					
34	西勇輝						
35～							

[註] ポジションは23年の一、二軍の守備成績を参考

監督としての岡田彰布は何が優れているのか？

岡田彰布監督が第1期監督に就いたのは星野仙一監督が18年ぶりのリーグ優勝を果たした03年のオフ。トレード戦略で選手を大幅に入れ替えたあとなので、連覇とともに若返りも託されていた。03年オフの広澤克実以降、八木裕、伊良部秀輝、藪恵壹（アスレチック入団）、前川勝彦、久慈照嘉《てるよし》、片岡篤史、井川慶（ヤンキース入団）、濱中治たちが岡田監督在任中に退団、それ以降も赤星憲広（09年限りで引退）、今岡誠（10年にロッテ移籍）がチームを離れ新陳代謝の波が押し寄せていた。そういう大変な時期に阪神の監督に就任し、優勝1回、2位2回、3位1回の成績を残している。

監督就任1年目の04年に取りかかった大仕事はゲーム終盤を締めくくる〝勝利の方程式〟の下地作り。前年まで5年間で2勝6敗（0セーブ）の藤川球児を26試合、2年目の久保田智之も28試合に起用してリリーフ投手としての基盤を作り、抑えで実績を残していたウィリアムスとともにJFKの誕生は目の前に迫っていた。

JFKは05年以降の阪神を支える重要な切り札だったが、岡田監督が手掛けたもう一つの大仕事が新人、鳥谷敬《たかし》の抜擢だった。岡田氏自身も早稲田大のスター選手としてドラフト1位指名で阪神入りしたが、このとき阪神のサードには球界を代表する掛布雅之が君臨していた。岡田氏には「早大のスター三塁手」という自負があったが、前年の79年に48本塁打を放ってホームラン王になっている掛布には負けてやむなしの気分はあったと思う。

鳥谷のときもショートには前年、127試合に出場、打率・301を残し、優勝に貢献した藤本敦士《あつし》がいた。打率3割を打ち、ファン投票でオールスターゲームにも出場しているので「3割を打っているのになぜ新人の鳥谷にポジションを譲らなければならないのか」という忸怩《じくじ》たる思いがあっただろう。

当時のドラフトは大学生と社会人に限り、志望する球団を選べる売り手市場で行われていた。大物新人の鳥谷にスカウトが「入団してくれたらショートのポジションを空けておく」くらいのことは言っていただろう。鳥谷が2年目に遊撃手として146試合に出場し、打率・278、安打159の好成績を残したことで岡田監督も藤本も救われたと思う。この鳥谷の成功は岡田監督の自信になり、22年のドラフト1位、森下翔太の抜擢を後押ししたと思う。

昨年の戦略で目立ったのは攻撃面での四球の多さだ。シーズン前、岡田監督はミーティングなどで「頑張って四球取っていこうや」と声を上げることがあったという。フロントに掛け合って四球の査定ポイントをアップしたことも報道されている。494四球はリーグどころか12球団中最多。前年、リーグ3位の358四球が12球団中8位だったことを考えると大きな変化である。ちなみに、個人では大山悠輔の99がリーグ最多だった。

それが、日本シリーズでは一転して超積極打法でオリックス投手陣に襲いかかる。打率・483の高打率でシリーズMVPに輝いた近本は、「短期決戦なので、向こうもどんどんストライクを投げてきて、いいボールが来ます。だから僕も球を待つというより、最初からどんどん打ちにいくのが感覚的に良かった」と雑誌（『Number1084号 阪神タイガース38年目の結実』［文藝春秋］）で語っている。ペナントレースと日本シリーズでまったく異なる戦術を許容し、前年王者のオリックスを4勝3敗で退けた采配は見事というしかない。

実は第1戦後、「何でそんな山本（由伸）、山本って言うんやろうなあ。それが俺は不思議よなあ」と山本由伸を低めに評価する岡田監督の言葉がスポーツ紙に載った。3年連続で投手4冠（最多勝、最優秀防御率、最高勝率、最多奪三振）に輝き、沢村賞も受賞し、オフには12年総額3億2500万ドルでドジャースに移籍した大エースだ。その山本に「評価が高すぎる」といちゃもんをつけているのだから痛快だ。

野村克也氏、星野仙一氏と同様の言葉の強さは、おとなしい選手が多い阪神とは相性がいい。昨年7月5日に一軍に昇格後、8月以降、打率が3割3分を記録した佐藤輝明はとくに岡田監督に踊らされた1人。アメとムチの使い分けが岡田監督は本当にうまい。

スタメン分析

陰のMVP、木浪聖也の気迫

昨年、規定打席に到達した選手は6人。大山悠輔（打撃成績＝打率リーグ6位）、近本光司（8位）、中野拓夢（9位）、木浪聖也（14位）、佐藤輝明（17位）、ノイジー（26位）。それに対して他球団は、DeNA5人、広島、巨人、ヤクルト、中日はいずれも4人だから、阪神の安定感はリーグの中で群を抜いている。

リーグ内の表彰選手は、ゴールデングラブ賞＝坂本誠志郎（捕手）、大山（一塁手）、中野（二塁手）、木浪（遊撃手）、近本（外野手）、ベストナイン＝大山（一塁手）、木浪（遊撃手）、近本（外野手）、打撃タイトルは中野が最多安打、大山が最高出塁率、近本が最多盗塁、投手は、村上頌樹《しょうき》が最優秀防御率のほかにMVPと新人王、岩崎優《すぐる》が最多セーブと、阪神勢に集中した。

表彰には手が届かなかったが佐藤の活躍も見事だった。本塁打は新人年から3年連続20本以上となる24本塁打、打点は自己最多の92。岡田監督のぼやき・小言を多く受けているので不振だと思った人がいるかもしれないが、打点は12球団中、牧秀悟（DeNA）の103、岡本和真（巨人）の93に次ぐ3番目の多さだった。

木浪は23年のシーズン前、レギュラーの座が約束されていなかった。18年ドラフト2位の小幡《おばた》竜平が22年に、ファームで46試合ながら打率・331（安打58）、盗塁15、OPS・806を記録していたのだ。三塁打3、二塁打7は広い甲子園球場を本拠地にする阪神にはうってつけの人材で、23歳（23年現在）の若さも魅力があった。

その小幡を跳ね返した29歳の木浪は陰のMVPと言っていい。23年の4月9日のヤクルト戦、1対1の局面で迎えた7回裏、9回裏ともに先頭打者としてセンター前ヒットで出塁し、11回裏は1死走者なしでライト方向への二塁打を放つ。得点にこそ結びつかなかったが、開幕から6試合続けてスタメンの座を小幡に譲った悔しさがプレーの端々に表れていた。

試合後に岡田監督は、「東京ドーム（4月11日巨人戦）からまた小幡で行くつもりやったけど、考えなあかんな。そらぁ打ってる人は代えられんからな」と木浪のスタメン継続を示唆。8番にこういう選手がいるチームは強いに決まっている。

スタメン候補

	［スタメン］	［控え］
捕	坂本誠志郎	梅野隆太郎
		中川　勇斗
一	大山　悠輔	原口　文仁
二	＊中野　拓夢	＊糸原　健斗
三	＊佐藤　輝明	渡邉　諒
遊	＊木浪　聖也	＊小幡　竜平
左	ノイジー	＊前川　右京
中	＊近本　光司	＊島田　海吏
右	森下　翔太	井上　広大
		ミエセス
		小野寺　暖
		野口　恭佑

＊は左打ち

また、23年の阪神の一大特徴と言えるのがドラフト1位の野手が多いこと。過去7年間に野手を4人ドラフト1位で指名し、そのすべてが一軍で結果を出している。大山（16年・白鷗大）、近本（18年・大阪ガス）、佐藤輝明（20年・近畿大）、森下翔太（22年・中央大）……15年オフに監督に就任した金本知憲氏の言葉、「ドラフトですぐ使える便利屋のような選手を多く取る球団の体質が、生え抜きが育たない要因。盗塁王、4番打者、エースになれる選手を取ろうとフロントに言っている」（2016年1月5日付、毎日新聞より）。これを私は「金本メソッド」と命名したが、多くの球団は監督が退団すると、方針・戦略はその代限りとなり、新しく就任する監督の方針・戦略に取って代わられる。本来ならフロントのやるべき数年先のビジョン作りを現場の監督がやっている、ということである。

監督は最低でもAクラス入りを狙って現場の指揮を執る。それより順位を下げればクビになる恐れがあるので、たとえばドラフト前には「即戦力のピッチャーがほしい」と要望を出す。23年の巨人は1位が大学生の投手、2～5位が社会人の投手という極端な即戦力路線になったが、阿部慎之助新監督の要望があったと聞いている。

本来、目の前しか見ない監督と3～5年先を見るフロントは人種が異なり、金本メソッドを宣言した金本知憲氏などは突然変異の変わり者と言っていい。その変わり者が阪神を変身させ、辞任した後もそのメソッドが守られている、というのが素晴らしい。

ピッチングスタッフ分析

危機管理が行き届いている投手陣

木浪の話をもう少し続ける。新人年の19年以降、出場試合数、安打数、打率の大幅な下降が22年まで続き、23年は後がない状況だった。投手陣では昨年の大竹耕太郎がそういう状況に置かれていた。大竹は17年育成ドラフトの4位指名でソフトバンク入り。1年目の7月29日には支配下選手に登録され、8月1日の西武戦にプロ初登板して8回2失点で初勝利を挙げる。

大竹は育成ドラフト出身と言っても、早稲田大時代にリーグ通算10勝を挙げ、全国大会に5試合登板し4勝している。ファームの育成能力より、育成ドラフトで指名に持ち込んだスカウティングを評価したほうがいい。それでも21、22年は勝ち星がなく、現役ドラフトで阪神に移籍。先発左腕が伊藤将司しかいない環境が追い風にもなり、いきなり12勝2敗、防御率2・26を挙げる。今年は伊藤、大竹以外にも高校卒2年目の門別啓人がいるので、1日おきに左右の先発投手が登板する可能性があるが、ストレートに打者を圧倒する絶対的な威力がないというのが大竹の不安要素。

相手チームの研究が進んだ今年は〝2年目のジンクス〟に陥る危険性がある。そのため

ピッチングスタッフ

[先発]	[中継ぎ]	[抑え]	[その他]
＊伊藤　将司	＊岩崎　　優	湯浅　京己	浜地　真澄
村上　頌樹	＊桐敷　拓馬		青柳　晃洋
＊大竹耕太郎	石井　大智		＊門別　啓人
才木　浩人	＊及川　雅貴		加治屋　蓮
西　　勇輝	ゲラ		下村　海翔
西　　純矢	＊島本　浩也		＊岩貞　祐太
			ビーズリー

＊は左投げ

の備えがあるのかどうか、というのはチーム力を測る重要なファクターである。

上の表に先発要員として6人を挙げたが、シーズンを通して数人が入れ替わるのが普通なので、「その他」に入れた青柳晃洋、門別啓人、浜地真澄に新人の下村海翔《かいと》も24年の先発要員として考えると、危機管理の行き届いた陣容だと感心させられる。

青柳は出遅れた昨年、日本シリーズオリックス戦の第7戦に先発し、5回裏には1死から連続安打を許して一、二塁のピンチを迎えるが、1番中川圭太を全球140キロ台のツーシームで激しく内角を攻めてレフトフライに打ち取り、マウンドを島本浩也《ひろや》に譲っている。

誤解を恐れずに言うと、青柳の持ち味は死球の多さである。初めて規定投球回に達した19年の与死球12は髙橋光成《こうな》(西武)14、山口俊(巨人)13に次いで12球団中3番目の多さ。最多勝(13勝)、最優秀防御率(2・05)、勝率1位(・765)に輝いた22年の与死球8は髙橋光成11、髙橋奎二《けいじ》（ヤクルト）9、山﨑伊織（巨人）9、ロメロ（ＤｅＮＡ。22年オフ退団）9、上沢直之（日本ハム。24年よりレイズ）9に次いで6番目。昨年は投球回１００・１回の少なさで与死球9である。こういう姿を見ると、24年は先発要員として十分やっていけると思う。

岡田監督の球を悩ますのが抑えの人選ではないか。23年は岩崎優が完璧な仕事をしたが、その前年の22年は湯浅京己《あつき》がさらに素晴らしいピッチングをしている。

22年＝湯浅　59試合　58回　被安打38　与四球12　奪三振67　防御率1・09
23年＝岩崎　60試合　56回　被安打32　与四球14　奪三振62　防御率1・77

奪三振と防御率で、22年の湯浅は23年の岩崎を上回っている。ピッチングスタイルは、低めとコーナーワークが生命線の岩崎に対して、ストレートの速さとフォークボールのキレが生命線の湯浅という対比。どちらも絶対的な存在だが、ＪＦＫを振り返れば、ウィリアムス→藤川球児→久保田智之が誕生初期の投げる順番だった。

17～21年のモイネロ（ソフトバンク）も抑えの森唯斗（現ＤｅＮＡ）の前を投げるセットアッパーだった。抑えはイニングの頭から投げるのが基本だが、左のセットアッパーは7、8回のピンチで左打者が続く場面など、状況によって自在に使い分けができる。それらを考え合わせると、抑えを湯浅、7、8回を岩崎のほうが岡田監督は手腕を発揮できると思う。

ドラフト分析

冒険してほしかったドラフト1位

1位下村海翔（青山学院大・投手）を単独指名で獲得した。

複数球団が入札で競合したのは、武内夏暉《なつき》（国学院大・投手）が◎西武（◎は交渉権獲得、以下も同じ）、ソフトバンク、ヤクルト、渡会隆輝《わたらいりゅうき》（ENEOS・外野手）が◎DeNA、中日、ロッテ、西舘勇陽《にしだてゆうひ》（中央大）が◎巨人、日本ハム、常廣羽也斗《つねひろはやと》（青山学院大・投手）が◎広島、楽天という顔ぶれで、競合なしの単独指名が阪神の下村とオリックスの横山聖哉（上田西高・内野手）の2球団。日本シリーズを戦ったオリックスと阪神の単独指名を、競合→抽選を嫌った安全策と思われる人がいるかもしれないが、ちょっと違う。

オリックスのレギュラー遊撃手は源田壮亮（西武）に迫る攻守で注目される紅林弘太郎。年齢は今季22歳なので、19歳になる横山とはわずか3歳違い。紅林か横山の三塁コンバートを見据えているのかもしれないが、非常に〝攻めた〟1位指名と言える。それに対して下村は、ドラフト翌日のスポーツ紙に担当スカウト、吉野誠氏の「両サイドに投げきれる制球力があり、完成度が高い。1年目から活躍できる」というコメントがあるように24年の即戦力を見込んだ指名。

阪神投手陣は12球団の中でもナンバーワンと言っていい安定感があり、若さも備えている。つまり冒険ができる年である。20年の山下舜平大（福岡大大濠高→オリックスが外れ１位で獲得）、髙橋宏斗（中京大中京高→中日が単独指名）のような指名があってもいい状況だったので、少し考えさせられた。

下村の実力は文句ない。４年春、青山学院大の17年（33季）ぶりの東都大学野球リーグ戦の優勝、同年の全日本大学野球選手権の優勝にも貢献。体格は昨季ブレークした村上頌樹（１７５㎝80㎏）に近いが、ストレートの最速は１５１キロの村上に対して１５５キロの下村が４キロ上回る。

大学３年まで投球フォームは腕がやや横から出るスリークォーターで、持ち球のスライダーも大きい横変化に特徴があったが、今は投げ下ろしのオーバースローに変わり、カーブもスライダーも縦変化のほうに見応えがある。１７４㎝の上背を補うリリースポイントの高さはボールに一級の角度を生み、持ち球はカットボール、スライダー、カーブ、チェンジアップ、フォークボールがある。

２位椎葉《しいば》剛《つよし》（四国アイランドリーグ／徳島・投手）はストレートの最速が１５９キロを計測する剛腕だ。この１５９キロは23年９月29日の日本独立リーググランドチャンピオンシップで計測したもの。つまりごく最近の記録である。

徳島インディゴソックスで残した23年の成績は次の通り。

――22試合　3勝0敗1セーブ　39イニング　被安打19　与四球25　与死球3　自責点10　防御率2・31、与四球率5・77を見れば安定感十分とは言えないが、ドラフト2位で指名したのは最速159キロのストレートの威力を本物と評価したから。投球フォームは剛腕にありがちな力みやバランスの悪さがない。変化球はスライダー、カーブ、フォークボールがあるが、ほとんどはストレート。プロなら1つでいいからきちんとコントロールできる変化球がほしいというのが注文。現段階ではスライダーがその候補。

3位山田脩也《しゅうや》（仙台育英高・内野手）は遊撃手で出場した2年夏の甲子園大会で優勝。翌春のセンバツ大会では1番・遊撃手として、準々決勝進出に貢献。とくに2回戦の慶應高戦は延長10回裏、2死満塁の場面でレフト前にサヨナラ安打を放ち注目を集めた。

ショートの守備については、ここでもオリックス1位の横山と比べたい。捕球してから投げるまでのステップは、横山がワンステップ、ツーステップが目立つのに対し、山田は3ステップ以上のときもある。最近のプロの走塁はスキがないので、送球までの余分なステップは内野安打の要因になりかねない。

バッティングはあっさり踏み出さないところが長所だ。22年夏の甲子園大会では、決勝の下関国際高戦の4打数3安打1打点をはじめ、大会通算打率・364を記録。走塁もいい。同大会の初戦（2回戦）の鳥取商戦は9番・遊撃手で出場、第2打席でショートゴロを放ち、このときの一塁到達タイムが俊足と判断できる4・14秒だった。準々決勝の愛工大名電戦では第1打席で二塁打を放ち、このときの二塁到達タイムが7・95秒、準決勝の聖光学院高戦では第1打席の右前打のときが4・18秒、決勝の下関国際高戦では第2打席の二塁打のときが8・08秒だった。

4位百崎《ももさき》蒼生《あおい》（東海大熊本星翔高・内野手）は中学のとき在籍していた熊本泗水《しすい》ボーイズ時代から大物ショートとして騒がれ、高校は神奈川の強豪、東海大相模高に入学。秋のシーズンからレギュラーになり、神奈川大会優勝、関東大会準々決勝進出に貢献する。

2年春に出身地、熊本にある東海大系列校の東海大熊本星翔高に転入し、甲子園球場に初めて姿を見せたのは3年夏。1回戦に1番・ショートでスタメン出場。この試合で自己最速147キロを計測した浜松開誠館高のエース、近藤愛斗からセンター方向の二塁打とレフト前への渋いヒットを記録する。

ショートの守備もよく、とくに好感が持てるのはスローイングが横投げにならないところ。日本人はプロもアマも内野手のスローイングはほとんどサイドスローになるが、百崎のスローイングは自らに厳格に課しているかのようにオーバースロー。3位でも超高校級のショートストップ、山田脩也（仙台育英高）を指名しているが、ポジションをショートに限定すれば百崎のほうがショートらしい。

5位石黒佑弥（JR西日本・投手）は星城高時代、最速146キロを計測するストレートで、愛知県内でも注目される存在だった。19年夏の甲子園大会出場校を決める愛知県大会では春のセンバツ大会で優勝した東邦高の強力打線相手に8回を3失点（10対3でコールド勝ち）に抑え完勝。強烈なインパクトを与えた。

JR西日本の主戦に台頭したのは入社3年目の22年だが、注目されたのは23年の都市対抗。1回戦のパナソニック戦では先発して7回3分の1を投げ5安打3失点で敗戦投手になっている。

6位津田淳哉《じゅんや》（大阪経済大・投手）は3年までは1学年上の才木海翔《かいと》（22年オリックス育成2位）の陰に隠れていたが、4年秋にリーグトップの防御率1・29（リーグ1位）を記録して脚光を浴びる。同リーグの強豪、大阪商業大のエース、上田大河（西武2位）とは4年春の2回戦で先発として対戦、完封した上田に対して津田は5回、2失点で降板。秋のリーグ戦は優勝決定戦となった3回戦で上田と対戦、前日に続く連投で2回無失点の上田に対して、津田は5回、3失点で敗戦投手になる。1回戦は上田との直接対決こそなかったが、先発して8回を投げ、2失点に抑え勝ち投手になっている。

広島東洋カープ

常廣羽也斗

野手のドラフト1位が過去5年間でゼロは問題だ

年	シーズン順位	交流戦順位	観客動員数
2019	4位	12位	222万3619人(6位)
2020	5位	—	53万7857人(1位)
2021	4位	12位	97万6306人(1位)
2022	5位	12位	196万8991人(4位)
2023	2位	7位	205万4852人(6位)

★(　)は12球団中の順位

選手の年齢構成（広島）

年齢	投手	捕手	一塁手	二塁手	三塁手	遊撃手	外野手
19			仲田侑仁				
20	斉藤優汰 日髙暖己	清水叶人			内田湘大		
21	小林樹斗	髙木翔斗					田村俊介
22							
23	玉村昇悟 河野佳 常廣羽也斗 高太一 滝田一希 赤塚健利	持丸泰輝				韮澤雄也	
24				羽月隆太郎	林晃汰	小園海斗	久保修 中村貴浩
25	遠藤淳志 大道温貴 黒原拓未 松本竜也						中村奨成
26	高橋昂也 アドゥワ誠 森浦大輔 森翔平 益田武尚 長谷部銀次 内間拓馬	坂倉将吾 石原貴規				矢野雅哉	
27	塹江敦哉 森下暢仁						宇草孔基 中村健人
28	島内颯太郎 栗林良吏						末包昇大 大盛穂
29	床田寛樹 ケムナ誠 コルニエル				曽根海成		シャイナー
30	矢崎拓也 ハッチ ハーン						
31							野間峻祥
32	中﨑翔太 戸根千明	磯村嘉孝					
33	九里亜蓮 大瀬良大地		堂林翔太				
34				菊池涼介	上本崇司 レイノルズ		
35〜	野村祐輔	會澤翼				田中広輔	秋山翔吾 松山竜平

[註]ポジションは23年の一、二軍の守備成績を参考

主力の穴を埋める代役が機能してチーム成績が2位に浮上

22年のチーム打率・257はリーグ4位で、チーム本塁打91はリーグ4位で、チーム成績は5位に低迷している。盗塁26は圧倒的なリーグ最下位で、四球327は同5位、戦略がなかったことがひと目でわかる。

翌23年はチーム打率・246がリーグ4位、本塁打96が同4位と、前年同様ぱっとしないチーム成績だが、盗塁78と盗塁失敗50を合わせた盗塁企図数128はリーグ1位で、走塁で活路を開く戦略が少し見えてきた。

チーム防御率は22年の3・54（リーグ5位）から23年は3・20（同4位）に良化した。23年は、セーブ46はリーグ1位で、ホールドポイント149は同3位。つないで勝つ、という戦略がここでも見られる。

選手層はだいぶ厚くなった。野手は一塁手のマクブルームが6月以降、出場機会を減らすのと同時に堂林翔太の起用が増え、7月以降は打率・305でマクブルームの穴を埋めた。とくに長打率は7～9月の3カ月間は4割を超え、9月以降はクリーンアップに座ることが多くなった。

投手は抑えの栗林良吏がＷＢＣを途中離脱した原因である腰の張りのためシーズン序盤を出遅れると、３・４月から7月までの４カ月間、矢崎拓也が抑えでチームを支えた。矢崎の4～7月の防御率は月ごとに０・00→０・90→４・50→０・00と、6月以外は完璧に相手打線を抑えている。

中継ぎでは22年、ホールドポイントが2ケタだった森浦大輔27、矢崎19、ケムナ誠18、ターリー16の中で、23年もホールドポイント2ケタ以上を記録したのはターリー29と矢崎14だけ。矢崎は7月まで抑えに回るので中継ぎの補充が重要な戦略だったが、島内颯太郎が3勝3敗2セーブ42ホールドポイントという完璧な仕事で穴を埋めた。ターリーが退団後、楽天に移籍したのは残念だが、大道温貴《はるき》、中﨑翔太の復調が見込め、矢崎と栗林のＷストッパーも現実的な構想で、投手陣に関しては阪神に次ぐ陣容と言っていい。

外国人は近年、12球団とも全滅と表現していいほどの体たらくぶりだが、広島の新外国人投手の2人、ハッチ、ハーンの最近の動画を見ると、よく見える。右腕のハッチはストレートの球速が95マイル（約１５３キロ）くらいだが、これを高低、内外にきちんとコントロールでき、チェンジアップ、カットボールの変化球もキレがある。投球フォームは昨年、ＤｅＮＡで活躍したバウアーが近い。

左腕のハーンもいい。ハッチにも共通するが軸のブレがまったくない。上半身が暴れず、下半身がふらつかないのでコントロールが安定。スライダー、チェンジアップをストレートと同じ腕の振りで投げ分けるので、バッターはかなり面食らうと思う。

打者では三塁が予定されている新外国人のレイノルズが動きの小さい打撃フォームからライナー性の打球を広角に飛ばすクラッチヒッター（チャンスに強いバッター）。外野が予定されているシャイナーも前足を、タイミングを計るように小さく上げ、自分のポイントまで呼び込んで打っているように見える。

来日前の映像だから、長打特集、投手なら奪三振ショーになっているので過信は禁物だが、3人に共通するのは投手なら小さい動きでリリースの瞬間まで、打者ならインパクトの手前まで脱力しているところ。新外国人の獲得の戦略が見えてきて期待したくなった。

外国人が期待通りではなかった場合には、三塁には今季24歳になる林晃汰、外野には28歳になる末包昇大、あるいは21歳になる田村俊介の起用をお願いしたい。過去3年のドラフトで指名したスラッガータイプは、21年4位田村（愛工大名電高）、6位末包（大阪ガス）、22年2位内田湘大（利根商高）、23年4位仲田侑仁（沖縄尚学高）の4人。1、2位の上位指名が内田だけというのは物足りないが、田村、末包に成長の気配があるので、成長戦略は順調。秋山翔吾の故障（23年10月末の右膝外側半月板部分切除の手術）からの復帰時期は未定なので、今年の打線のキーマンは秋山の代役を担う田村と末包の2人。

スタメン分析

野手にフォーカスしたドラフト戦略の必要性

鈴木誠也（カブス）の広島在籍最終年である21年は主力のあちこちに衰えが見えていた。菊池涼介は13～19年まで毎年130安打以上量産していたのが、20年には102安打に落ち、それ以降137→121→114と漸減《ぜんげん》状態。最後のシーズン優勝年である18年のメンバーからは、丸佳浩が18年オフにFA権を行使して巨人に、21年オフにポスティングシステムを活用して鈴木がカブスに、そして23年オフにFA権を行使して西川龍馬がオリックスに移籍した。

一流選手はいずれチームを出て行く、というのが巨人、阪神、ソフトバンク以外の球団に突きつけられた宿命なので、準備していなければならなかったが、はっきり言って準備不足だった。

私は広島を見るとき、次代のレギュラー候補を各ポジションに据えるクセがついている。たとえば、捕手＝坂倉将吾、遊撃手＝小園海斗がそういう選手で、一応定着している。今後のレギュラー候補は、一塁手が新人の仲田侑仁、三塁手が林晃汰、内田湘大、外野手が田村俊介、中村貴浩といったところ。二塁手は菊池のイメージが強烈なので後継者が思い浮かばない。今後のドラフトの重要なテーマになるだろう。

　近年の広島のドラフトには注文をつけたい。19年以降の5年間、1位指名はずっとピッチャーなのだ。森下暢仁《まさと》、栗林良吏、黒原拓未、斉藤優汰、常廣羽也斗《つねひろはやと》という流れ。森下、栗林、斉藤が単独指名（常廣が2球団競合）という幸運はあったが、チーム本塁打は20年以降、110→123→91→96と下位を低迷しているので、もう野手に目を向けてもいい。

　この間、他球団は佐藤輝明（20年阪神1位）、牧秀悟（20年DeNA2位）、森下翔太（22年阪神1位）、蛭間拓哉（22年西武1位）、度会隆輝《わたらいりゅうき》（23年DeNA1位）、横山聖哉（23年オリックス1位）たちを上位で指名し、阪神は日本シリーズ制覇につなげている。

　広島も11年から18年までは上位で野手を指名している。菊池（11年2位）、髙橋大樹（12年1位）、鈴木誠也（12年2位）、野間峻祥《たかよし》（14年1位）、中村奨成（17年1位）、小園（18年1位）たちで、菊池、鈴木、野間、小園が戦力になっている。

　野手は一度戦力になれば数年そのポジショ

スタメン候補

	［スタメン］	［控え］
捕	＊坂倉　将吾	會澤　翼
		磯村　嘉孝
一	堂林　翔太	＊松山　竜平
二	菊池　涼介	＊羽月隆太郎
		＊韮澤　雄也
三	レイノルズ	＊林　晃汰
		＊田中　広輔
遊	＊小園　海斗	＊矢野　雅哉
左	シャイナー	＊秋山　翔吾
中	＊野間　峻祥	＊大盛　穂
右	末包　昇大	＊田村　俊介
		＊中村　貴浩

＊は左打ち

ンに居続けるので、3、4年に1回は野手の1位指名があってもいい。今秋のドラフトの目玉、宗山塁（明治大）は広陵高出身。地元出身はファンに対するアピールにもなる。ポジションはショート。

他球団の二塁手は吉川尚輝（巨人）、山田哲人（ヤクルト）、三森大貴《まさき》（ソフトバンク）、浅村栄斗（楽天）など、前職がショートという選手が多い。吉川などショートを守っていた中京学院大時代のプレーを見たスカウトが、「うちのショートよりうまい」と言っていた。それほどうまくても、巨人には坂本勇人がいるので二塁手にコンバートされた。

ファームで二塁18、三塁4、遊撃26試合を守った韮澤《にらさわ》雄也（23歳）もポスト菊池の候補だ。昨年9、10月に23試合出場を果たし、リーグトップの26安打、打率・366、出塁率・418を成績、9・10月度「スカパー！　ファーム月間MVP賞」に選出されている。

秋山の復帰でポジションが空く外野はホームランが打てる末包が第一候補。昨年は8月以降にエンジンがかかり、ホームラン数は8月＝5本、9月＝4本と増産している。

田村は昨年のファーム成績が打率・278（安打54）、本塁打4、打点29とまあまあ。ファームの成績ならもう少し飛び抜けてほしいので末包を一番手に挙げた。ファームの成績だけ見れば23年、打率・257（安打94）、本塁打5、打点36を記録している二俣翔一《ふたまたしょういち》（22歳）も無視できない。二塁、三塁、遊撃のユーティリティプレーヤーである。

ピッチングスタッフ分析

先発、リリーフとも候補が多い層の厚さ

投手陣は阪神といい勝負だ。阪神の主戦、村上頌《しょう》樹《き》、大竹耕太郎は前年までの実績がほとんどなく、昨年一気に爆発した。つまり〝2年目のジンクス〟が気になる。もしそうなったら才木浩人、西純矢がサポートに入るが、彼らも2年目のジンクスにはまる可能性がある。それに対して広島の主戦である森下暢仁、大瀬良大地、床田寛樹、九里亜蓮は、しっかり経験を積んでいる中堅。彼らの21〜23年の成績を振り返ってみよう。

	21年	22年	23年
森下暢仁（27歳）	8勝7敗	10勝8敗	9勝6敗
大瀬良大地（33歳）	10勝5敗	8勝9敗	6勝11敗
床田寛樹（29歳）	5勝4敗	8勝6敗	11勝7敗
九里亜蓮（33歳）	13勝9敗	6勝9敗	8勝8敗

大瀬良、九里には年齢からくる後退現象がうかがえるが、森翔平（26歳）、遠藤淳志（25歳）、玉村昇悟（23歳）という若手、中堅が控えている。森は23年に4勝、遠藤は20年に5勝、22年に4勝、玉村は過去3年、4勝→2勝→3勝しているので、期待値だけではない。

さらに益田武尚（26歳）は昨年、一軍で8試合に登板、防御率1・64を記録、黒原拓未（25歳）はファームでただ1人、規定投球回に達し6勝1敗を挙げ、22年高校卒ドラフト1位斉藤優汰はチーム内外から高く評価されている将来のエース候補、新外国人の左腕ハーン、右腕ハッチの前評判も高く、ここにドラフト1位常廣が入ってくる。この重構造の先発陣は阪神に引けを取らず、安定感ではオリックス、西武以上で、12球団ナンバーワンだと思っている。

リリーフ陣はどうだろう。昨年、出だしで遅れた栗林の穴を埋めた矢崎は新人年である17年から21年まで防御率が4・30〜11・57の間を乱高下するひどさで、ドラフト下位で入った選手なら戦力外の烙印を押されていたと思う。それが22年、47試合に登板し、19ホールドポイント、防御率1・82を挙げて台頭、翌23年は栗林の穴を埋める24セーブを挙げ、7月以降は中継ぎも兼任しながらチームを支えてきた。

栗林の本格的な戦列復帰は昨年の全登板数55試合のうち35試合に登板した7月以降。その成績を1イニングあたりに何人の出塁を許したかを表すWHIPで見ると、一流の基準となる0点台を記録している。新人年の21年から37、31セーブを挙げている絶対的守護神栗林の唯一の不安は勤続疲労だったが、矢崎の台頭によって終盤のシェアが可能になった。中継ぎ陣の充実も抑えの負担を軽減している。8回のマウンドに立つ島内は22年までの

ピッチングスタッフ			
[先発]	[中継ぎ]	[抑え]	[その他]
森下　暢仁	矢崎　拓也	栗林　良吏	アドゥワ誠
＊床田　寛樹	島内颯太郎		遠藤　淳志
大瀬良大地	大道　温貴		＊黒原　拓未
九里　亜蓮	ハッチ		＊玉村　昇悟
＊ハーン	益田　武尚		中﨑　翔太
常廣羽也斗	＊森　翔平		斉藤　優汰
			日髙　暖己

＊は左投げ

3年間、防御率が3点以上を記録していたが、昨年は2・31に抑え、与四球率2・62、奪三振率9・87に無敵ぶりが表れている。

島内はもともとストレートは150キロを超える速さがあったが、昨年は155キロ以上を再三計測、勝負球チェンジアップの攻略をより困難にさせた。62試合に登板、3勝3敗、39ホールド、42ホールドポイントで、広島では初となるセ・リーグ最優秀中継ぎ投手賞を受賞した。

今季の投手スタッフでリリーフの役割が確かなのは、栗林、矢崎、島内以外では大道温貴、中﨑翔太、ケムナ誠たちだろう。大道のストレートの最速は150キロ台前半だが、打者はそれ以上の速さを体感しているように見える。昨年は49回3分の2を投げ、奪三振は49。1イニングにほぼ1個三振を奪っている。トークイベントで「今後、身につけたいもの」を聞かれたときのやりとりが動画に紹介されているが、大道は「絶対に抑えられるまっすぐ」と答えている。

ドラフト分析

1位常廣羽也斗はいきなりローテーション候補の即戦力

1位常廣羽也斗（青山学院大・投手）は楽天と入札が競合した。正直、3、4球団くらい重なると思っていたので拍子抜けした。もちろん、即ローテーション入りが期待されている。23年の全国大学野球選手権（以下、大学選手権）準々決勝では中部学院大戦に先発、6回投げて与四死球0、被安打3で無失点。中2日で臨んだ決勝は先発して与四球2、被安打7で明治大を完封。明大はここまで7対0、5対0、6対0で勝ち進み、ロッテから1位指名された上田希由翔《きゆうと》が4番、今秋ドラフトの1位候補、宗山塁が3番に座る強打のチーム。その上田を4打数0安打、宗山を4打数1安打に抑えているのだから実力に文句はない。

秋の明治神宮大会準決勝、富士大戦でも無敵ぶりは変わらず、与四球6と荒れたが被安打6、奪三振7で完封、決勝の慶應大戦は8回途中からリリーフに立ち、1回3分の2を投げて被安打0、与四球1、奪三振2で無失点に抑えた。

最速155キロのストレートは低めに伸び、右打者の内角にもしっかりコントロールできるところが非凡で、そういう質の高いピッチングを支えているのが投球フォームのよさ。

内側からヒジを上げてテークバックに向かっていく流れは岸孝之（楽天）を彷彿とさせる。さらに腕を前に振っていくときのいわゆる〝腕の振り〟は真下にボールを叩きつける藤川球児（元阪神）のよう。チームメイトになる森下暢仁を思わせるときもある。似ているのが全員、投球フォームが好結果をもたらしているエース級ばかり。

持ち球は空振りを量産できるフォークボールにスライダー、カーブ、チェンジアップを備え、フォークボールはストレートと同じ軌道から打者の近くで鋭く落ちる田中将大（楽天）タイプで、落差の大きさより打者に近い落下点がセールスポイント。プロのマウンドに立つ準備は十分にできている。

2位 高太一《たか》（大阪商業大・投手）もリーグ戦（関西六大学野球連盟）で12勝0敗の記録を誇る本格派左腕だ。ストレートの最速は151キロといっても、リーグ戦、全国大会では140キロ台中盤から後半が多く、これにスライダー、カットボールを交えた緩急に持ち味がある。チェンジアップ、フォークボールなどキレ味鋭い落ちる系は三振を取れる球。

20イニングを超えたシーズンは3、4年の秋だけ。経験値の浅さはマイナス評価より今後の〝伸びしろ〟と考えたい。現在はステップと腕の振りがほぼ同時に行われているので、わずかでも時間差を作れれば、テークバック時に体の割れが生まれ、ストレートはさらに速くなる。本人曰く、長所は「内角のストレート」。

もし高が一軍の戦力になったら、広島の投手陣は左腕王国になる可能性がある。床田寛樹、新外国人のハーン、若手の玉村昇悟、森翔平、黒原拓未という先発候補の中に、高まで組み込まれるのである。実際に左腕6人が先発要員になることはないが、この左腕の陣容は壮観である。

3位滝田一希（星槎道都大・投手）も本格派の左腕だ。23年の大学選手権1回戦、大阪商業大戦は5回途中、5失点で降板しているが、隅田知一郎《ちひろ》（西武）を彷彿とさせる腕を長く見せる投球フォームに特徴があり、ストレートの速さやチェンジアップのキレも隅田と共通する長所。ストレートは釧路で開催される「タンチョウリーグ」で計測した153キロが最速。

同リーグは根室で夏合宿する亜細亜大の声掛けで17年から始まった練習試合の交流戦で、同様の取り組みは高校野球でも行われている。たとえば、「海邦リーグ」と呼ばれる交流戦はキャンプで沖縄を訪れる本土のチームが沖縄の高校と3月に、「鳥栖リーグ」と呼ばれる交流戦は4～5月のゴールデンウイーク中に九州勢はおろか関東勢も交えて佐賀県鳥栖市で行われ、それぞれ沖縄、佐賀の実力向上に寄与してきた。

23年のタンチョウリーグには福岡ソフトバンクホークスの三軍をはじめ、社会人のＨｏｎｄａ、Ｈｏｎｄａ鈴鹿、札幌ホーネッツ、大学勢は地元北海道の星槎道都大、東京農業大学北海道オホーツク、東海大学札幌キャンパス、さらに本州の慶應大、八戸学院大が参加している。本州の強豪チームと戦う機会の少ない道内各校の実力アップに寄与していることは間違いなく、4回目の23年はインターネットによる無料ライブ配信も行われた。

4位仲田《なかだ》侑仁《ゆうと》（沖縄尚学高・内野手）は、23年春、夏の甲子園大会でそれぞれホームランを1本ずつ放っている一塁手だ。センバツ大会1回戦、4対3で勝った大垣日大高戦では3回裏の2死満塁の場面で打席が回り、山田渓太の初球ストレートをレフトスタンド中段まで運び注目を集めた。

同年の夏の甲子園大会では優勝した慶應高と準々決勝で対戦、0対0の4回裏、1死二塁の場面で左腕鈴木佳門が投じた初球、107キロのカーブをレフトスタンドに放り込んでいる。春、夏とも初球の甘い球には違いないが、右・左投手の異なる球種、ストレートとカーブに対応しているところが素晴らしい。バットを振り出す直前のトップではバットの揺らぎや上下動がまったくなく、コンパクトな動きでボールを捉え、そのあとのフォロースルーの大きさでレフトスタンドの中段まで運んでいるところが魅力。完全なホームランバッターの素質で、プロでは一塁以外のポジションを守る準備が必要になりそうだ。

現在の広島打線で長距離を期待できるのは、坂倉、末包、堂林翔太のレギュラー候補以外では、若手の林、田村俊介、内田湘大の名前が挙がるくらい。この息苦しい長打不足の現状に風穴を開けてほしい。

5位赤塚健利《けんと》（中京学院大・投手）は19年夏の甲子園大会に出場、リリーフ投手として中京学院大中京高を準々決勝に進出させる原動力となる。1回戦の北照高戦は9番を打つ当時2年生だった元謙太《げんけんだい》（オリックス）が3安打した試合として記憶に残るが、元と同じ無名だった赤塚が2番手として6回のマウンドに上がり、ストレートが148キロを計測して驚かされた。当時140キロ台後半は今ほど当たり前ではなかった。

2回戦の東海大相模高戦は5番手として8回のマウンドに上がり、遠藤成《じょう》（阪神）を三飛、西川僚祐《りょうすけ》（元ロッテ）を144キロのストレートで空振りの三振、9回は1死二、三塁のピンチを招くが3番を左飛、4番山村崇嘉《たかよし》（西武）を遊撃ゴロに抑えて、チームを準決勝に進めた。

大学時代は先発として活躍、2年秋は3試合に登板して投げたイニング数が27、3年春は6試合に登板して55イニング、つまり両シーズンとも全試合完投の偉業を成し遂げている。4年秋も6試合に登板して45イニングというタフネスを誇り、4年間の通算完投数は16。瞬間風速の暴れ馬のようだった高校時代とはまったく趣が異なる。

ストレートの最速は153キロ。高校時代は変化球の記憶がまったくないが、今はスライダー、カーブ、フォークボール、ツーシームを投げ分け、大学日本代表にも名を連ねる。

横浜DeNAベイスターズ

度会隆輝

新戦力の「育成＋抜擢」のサイクルを生み出せるか

年	シーズン順位	交流戦順位	観客動員数
2019	2位	4位	228万3524人（5位）
2020	4位	—	46万7700人（5位）
2021	6位	3位	72万5858人（4位）
2022	2位	6位	177万8980人（6位）
2023	3位	1位	228万927人（4位）

★（　）は12球団中の順位

選手の年齢構成（DeNA）

年齢	投手	捕手	一塁手	二塁手	三塁手	遊撃手	外野手
19	武田陸玖						
20	森下瑠大	松尾汐恩					
21	小園健太 深沢鳳介						
22	髙田琢登 石田裕太郎					森敬斗	度会隆輝
23	松本凌人	東妻純平				石上泰輝	
24	橋本達弥 宮城滝太	益子京右				林琢真	井上絢登 勝又温史
25	中川虎大 徳山壮磨 三浦銀二					知野直人	梶原昂希
26	伊勢大夢 京山将弥 入江大生 吉野光樹 石川達也 中川颯	山本祐大		牧秀悟			
27	坂本裕哉						蝦名達夫
28	上茶谷大河 ジャクソン						
29	東克樹 濵口遥大 平良拳太郎 ケイ						楠本泰史 関根大気
30	大貫晋一 佐々木千隼		佐野恵太			京田陽太	神里和毅
31	石田健大 ウェンデルケン			柴田竜拓			桑原将志
32	山﨑康晃 森唯斗 ウィック						
33	森原康平						オースティン
34	三嶋一輝	戸柱恭孝					大田泰示
35～		伊藤光			宮﨑敏郎	大和	

［註］ポジションは22年の一、二軍の守備成績を参考

今永昇太、バウアー離脱で問われる若手の育成能力

22年に初めて行われた現役ドラフトで注目されたのが大竹耕太郎（ソフトバンク→阪神・投手）と細川成也《せいや》（DeNA→中日・外野手）の活躍。細川は移籍した中日でブレークしたが、新人年（17年）のときから非凡さを発揮していた。当時の監督、ラミレス氏などはマスコミから期待する若手の名前を聞かれると、決まって「細川成也」と答えていた。

17年の広島とのCS（クライマックスシリーズ）ファイナルステージ第5戦では大瀬良大地からタイムリーヒットを放ち、続くソフトバンクとの日本シリーズ第1戦では9回に代打で出場し、寺原隼人からセンター前にヒットを放っている。「高校卒新人の日本シリーズ初打席初ヒット」は日本プロ野球史上初の記録である。第5戦ではやはり代打で出場し、5回裏にバンデンハークから右中間に二塁打を放っている。

これほど派手なデビューを飾りながら22年までの出場記録は19年の36試合、83打席が目立つ程度（21年は37試合に出場）。その19年の成績は打率・222、安打16、本塁打1、打点10。ラミレス監督（16〜20年）はマスコミへの発信が多い割に起用は少なかったな、という印象だ。

細川だけではない。13年のドラフト5位でプロ入りした関根大気《たいき》（東邦高出身）は2年目の15年に55試合に出場、ヒットを32本放っている。ラミレス監督になった16年は70試合に出場し、レギュラー定着が近づいたと思ったが、キャリアハイの32安打超えは22年（安打51）まで待たなければならず、レギュラー定着はプロ10年目の23年である。

23年11〜12月に台湾で行われた2023アジアウインターベースボールリーグで注目されたのが網谷《あみや》圭将《けいしょう》という選手。同リーグは台湾、韓国（23年は不参加）、日本のプロの若手2チーム、日本の社会人選抜チームを中心に構成され、網谷は社会人・ヤマハの選手として参加していたが、18年まではDeNAの所属選手。16年頃のラミレス監督はこの網谷を「シーズン30本塁打できる逸材」と再三、リップサービスに努めていた。

網谷は18年限りで退団したが、23年のアジアウインターベースボールリーグでは打率・443（安打27）、本塁打1、打点11、OPS1・074を記録、打率と安打は出場選手中、最高だった。今季27歳だから、退団したのはまだ21歳のときである。

こういう例がDeNAは多い。12年シーズン途中、楽天にトレードされた藤田一也（近畿大出身）も不可解だった。04年にドラフト4巡目でプロ入り。09年に120試合に出場、93安打を放つが、ここから成績が伸びなかった。それが楽天に移籍すると13、14、16年にゴールデン・グラブ賞に輝き、13、14年はベストナインにも選出されている。

細川、関根、網谷、藤田の例を出したが、現在のDeNAにも抜擢が遅れている選手がいる。19年1位森敬斗（桐蔭学園高・遊撃手）はその筆頭だろう。プロ入り後、毎年一軍戦に出場しているが、22年の61試合、安打36、盗塁5、打率・234がキャリアハイ。ハイレベルなレギュラーがいるわけではない。昨年は京田陽太77試合、大和59試合、林琢真25試合がショートで起用されているベスト3で、この中で最多安打は京田の57。森はというと9試合に出場して打率・167、安打2なので話にならない。

投手に目を向けると、21年1位小園健太（市和歌山高）が依然として一軍デビューを果たしていない。同期のドラ1で一軍未経験は風間球打《きゅうた》（ソフトバンク・投手）、吉野創士《そうし》（楽天・外野手）の2人だけで、いずれも在籍しているのは抜擢の遅い球団。高校時代にバッテリーを組んでいた松川虎生《こう》（ロッテ）が抜擢の遅れがちなキャッチャーでありながら、新人年の22年に76試合に出場、ヒットを32本放っている（打率・173）ので、小園の抜擢されていない感は増す。

育成下手を散々並べ立てたのは今年のDeNAはエースの今永昇太がポスティングシステムを活用してメジャーに移籍し（カブス）、もう1人のエース、バウアーも昨年オフに自由契約になり、球団への残留が不透明（24年2月初旬現在）だからである。暗黒時代に逆戻りするか、強豪の座に居座り続けるかは、若手の育成力にかかっている。

スタメン分析

松尾汐恩と度会隆輝のレギュラー定着に期待

入団年の18年に41本塁打、翌19年には43本塁打、108打点でリーグ二冠に輝いたソトが23年限りで退団（ロッテ入団）した今（24年2月初旬現在）、外国人野手はオースティンだけである。このオースティンも2年目の21年に打率・303、本塁打28、打点74を記録したあとは、まったく戦力になっていない。

中心選手は佐野恵太、宮﨑敏郎、牧秀悟の3人で、佐野は20年に打率・328で首位打者、22年に161安打で最多安打、宮﨑は17年に・323で首位打者、23年にも・326で首位打者、牧は23年に103打点で打点王に輝いている。3人ともタイトルを獲ったのが最近なので、力は衰えていないと考えていいが、佐野30歳、宮﨑36歳という年齢を見ると、今季は先のことを考えないといけない時期である。

宮﨑は社会人のセガサミー出身で12年のドラフト6位、佐野は明治大出身で16年の同9位が示すように、DeNAの中軸はドラフト下位指名で、育成能力をそれほど必要としない大学、社会人出身が多い。レギュラークラスの高校卒は、11年4位桑原将志（福知山成美高）、13年5位関根（東邦高）くらいで、森敬斗も今のところ育て切れていない。

これではいけない、と考えたのだろう。22年は松尾汐恩《しおん》（大阪桐蔭高・捕手）、23年は度会《わたらい》隆輝《りゅうき》（ENEOS・内野&外野手）を1位で指名した。

これまで1、2位指名された野手が即戦力として活躍した例は非常に少ない。例外は00年以降、1年目に100試合に出場したのは村田修一（02年自由枠）と牧（20年2位）の2人だけ。筒香嘉智（09年1位）でも1年目は3試合出場にとどまり、初めて100安打したシーズンは5年目の14年だった。

そういう苦い体験がドラフト戦略を練るフロントにはあるのだろう。野手の1、2位指名が少なく、指名してもすぐ起用しないでファームに塩漬けして腐らせることが多い。しかし、外国人がアテにできなくなっている24年は、若手を抜擢しないと他球団に対抗できないくらい戦力が薄くなっている。

早く起用してほしい若手は2年目の松尾と、新人の度会だ。近年、最も多く試合に出場した捕手を年度順に遡ると、23年は山本祐大《ゆうだい》67試合、22年は嶺井博希90試合、21年は戸柱恭

スタメン候補

	[スタメン]	[控え]
捕	松尾　汐恩	伊藤　光
		＊戸柱　恭孝
一	＊佐野　恵太	山本　祐大
二	牧　秀悟	西浦　直亨
三	宮﨑　敏郎	＊柴田　竜拓
遊	＊林　琢真	大和
		＊京田　陽太
		＊森　敬斗
左	＊関根　大気	オースティン
中	桑原　将志	＊楠本　泰史
右	＊度会　隆輝	大田　泰示
		＊神里　和毅

＊は左打ち

孝54試合、20年は戸柱95試合、19年は伊藤光84試合、18年は嶺井90試合で、17年にようやく戸柱が100試合超えを記録している（110試合）。

これほど捕手に決め手を欠く球団は、日本ハム、楽天、ロッテ、西武くらいしかない。22年ドラ1の松尾が昨年ファームで残した成績は、捕手として68試合に出場して、守備率は1試合出場の戸柱、山本の10割以外ではチームナンバーワンの・994。打撃成績は104試合に出場して、打率・277、安打95、本塁打7、打点51。これは高校卒新人のファーム成績としても十分に評価できる。

来日してファーム2試合目に松尾とバッテリーを組んだバウアーは、「すごく良いコンビネーションでやれた。素晴らしいキャッチャーだと今日の試合からも思いました」「捕球、ブロッキング、相手打者の反応を見てのリードも素晴らしかった」と日刊スポーツ紙に語っている（23年4月23日配信）。

度会は外野手と紹介されているが、二塁、三塁も経験しているのでユーティリティプレーヤーの可能性を秘めている。横浜高卒業後、社会人のENEOSに入団。2年目に臨んだ都市対抗で優勝に貢献、MVPの橋戸賞、新人王の若獅子賞を同時受賞している。1年目の今季は、1番・センターが期待されている。

ピッチングスタッフ分析

投手陣再建のキーマンは小園健太

野手陣も大変だが、投手陣はそれどころではない。エースの左腕、今永昇太がポスティングシステムを活用してメジャーリーグのカブスに移籍し、右腕のバウアーは自由契約となり、メジャー復帰を目指しているからだ。

23年の成績は今永が「22試合、7勝4敗、防御率2・80」、バウアーが「19試合、10勝4敗、防御率2・76」。この17勝をどう補塡するかというより、防御率2点台で41試合をカバーした投手2人を揃えるにはどうしたらいいか、というテーマで迫ったほうが難度はリアルに伝わってくる。

外国人はとりあえず新戦力のジャクソンとウィック、2年目のウェンデルケンを揃えた。ウェンデルケンは昨年61試合に登板して35ホールドポイントを挙げたリリーフ投手。ウィックもメジャー5年間で通算6勝10敗20セーブという実績を見ればリリーフタイプだが、無駄を省いた投球フォームやカーブ、スライダー、カットボールを操る投球バランスのよさを見れば先発でもやっていけそう。ストレートの最速は98・5マイル（158・5キロ）。細身でしなやかな投球フォームで光るのはジャクソン。ストレートの最速は157キロ、

ピッチングスタッフ

[先発]	[中継ぎ]	[抑え]	[その他]
＊東　克樹	三嶋　一輝	山﨑　康晃	＊石川　達也
大貫　晋一	森　唯斗		平良拳太郎
＊石田　健大	伊勢　大夢		宮城　滝太
小園　健太	上茶谷大河		＊濵口　遥大
ジャクソン	ウェンデルケン		入江　大生
ウィック	森原　康平		＊ケイ
			佐々木千隼

＊は左投げ

変化球はスライダー、カーブ、チェンジアップを備え、メジャーでの通算奪三振率は8・27という高さ。同じ新外国人のウィックとストレートの速さが同じでも、投球フォームがアグレッシブな分、打者はジャクソンのほうに圧力を感じる。

日本人の新戦力はプロ3年目を迎える小園が第一候補だ。23年オフに台湾で行われたアジア・ウインター・ベースボールリーグ（AWB）に参加し、4試合（19イニング）に登板、2勝0敗、防御率1・42、与四球率1・42、奪三振率6・16を挙げている。

23年ファームでの成績は2勝5敗、防御率4・21、与四球率4・21、奪三振率4・32。たった数カ月でこれほど大きな差が生まれると、ウインターリーグのレベルが低いのでは、と疑う人がいそうだが、GAORAの中継を見ると小園の成長がよくわかる。ファームでは高めに抜けていたストレートが実に辛抱強く低めに集まり、内外のコントロールも安定しているのだ。

もう1人の新戦力がソフトバンクの森唯斗だ。新人年の14年以降、17年まで中継ぎの中心として毎年50試合以上を投げ、18〜20年は守護神として毎年50試合以上に登板、しかし、先発に転向した23年は6試合の登板で、2勝3敗、防御率4・60に終わった。

今永、バウアーがいなくなっても昨年16勝3敗で最多勝、最高勝率の二冠に輝いた東克樹がエースに君臨し、FA権を行使した石田健大《けんた》も残留した。投手陣の補強が急務には違いないが、ソフトバンクで先発転向が空回りした森をアテにするほど逼迫してはいない。森は短いイニングを投げるリリーフのほうが持ち味の強い腕の振りを発揮できると思う。

東、石田に続くのは2年連続で防御率が2点台を記録している大貫晋一。ストレートに力感はないが、スライダー、カーブ、カットボール、ツーシーム、チェンジアップ、フォークボールをストレートと同じ腕の振りで緩急をつけ、かつ、内外、高低に投げ分ける。スライダーで外勝負の前にはしっかり内角に150キロ前後のストレートを投げられる。

新外国人のジャクソンとウィック以外は、技巧色の強い投手が多い。だからだろうか、中継ぎにはストレートの速い本格派が揃う。三嶋一輝《かずき》、伊勢大夢《ひろむ》、上茶谷大河、森原康平、森唯斗は、それぞれ勝負球の変化球に持ち味があるが、その前提に圧の強いストレートがある。抑え候補の山崎康晃も含め、先発とリリーフのスピード差がDeNA投手陣の面白いところである。

ドラフト分析

1位度会隆輝は強打の1番打者候補

攻撃陣も投手陣もしばらく〝新顔〟が現れていない印象がある。とくに、野手は深刻だ。ドラフトで遡ると、20年2位の牧以前の成功選手は、19年3位の伊勢、18年1位の上茶谷、同年3位の大貫、17年1位の東、16年1位濵口遥大《はるひろ》と投手ばかりで、16年9位にようやく野手の成功例として佐野が出現する。16～22年の7年間、野手は牧と佐野の2人しか目立った戦力になっていない。かたや阪神は、大山悠輔、近本光司、木浪聖也、佐藤輝明、中野拓夢、森下翔太……と、捕手以外の全ポジションを16～22年の指名で調達している。

阪神は特別にしても、巨人は吉川尚輝、大城卓三、秋広優人、門脇誠、広島は坂倉将吾、小園海斗、末包昇大《すえかねしょうた》（「一軍半」にも林晃汰、大盛穂《みのる》、中村貴浩がいる）、ヤクルトは村上宗隆、塩見泰隆、長岡秀樹、中日は京田陽太（22年オフにDeNA移籍）、石川昂弥《たかや》、岡林勇希、龍空《りゅうく》、福永裕基という具合に、最低でも3人のニューフェイスが出現している。

DeNAを「清新さ」という言葉で表現できないのは、毎年同じような面子でチームが構成されているからだ。投手にも同じことが言えるが、今年は幸か不幸か今永とバウアーがチームを離れるので、少しは新味が生まれるかもしれない。

こういう時期に、**度会隆輝**（ＥＮＥＯＳ・外野手）がドラ１の看板を引っ提げて入団してくる。横浜高１年だった18年夏に甲子園大会１回戦、愛産大三河高戦の９回表に代打で出場、ライト前ヒットを放っている。３回戦の金足農高戦でも６回表に代打で出場、このときは吉田輝星（オリックス）が投じた１４０キロのストレートに手が出ず、見逃しの三振に倒れている。

同校卒業後、社会人のＥＮＥＯＳに入社。１年目の21年都市対抗では１回戦のＪＲ東海戦に出場し、４回裏、右中間スタンドにソロホームランを放っている。翌22年都市対抗では〈橋戸賞、打撃賞、若獅子賞〉に選出される活躍で優勝に貢献、決勝までの５試合中、４試合で２安打以上放ち、その毎試合で打点を挙げている。

プロへ進んだ投手とは３人と対戦、西濃運輸戦では左腕、林優樹（22年楽天６位）から１打数１安打、準々決勝のＪＲ西日本戦では石黒佑弥（23年阪神５位）から２打数２安打（本塁打１）、決勝の東京ガス戦では益田武尚《たけひさ》（22年広島３位）から３打数２安打（本塁打１）と粉砕している。５試合で残した通算成績は21打数９安打４本塁打11打点、打率・４２９は見事としか言いようがない。

私が計測した打者走者としての一塁到達タイムも紹介しよう（○内数字は何打席目かを表す）。21年の都市対抗２回戦、日本通運戦では、①投手ゴロ４・11秒、②一塁ゴロ４・18秒、③

二塁ゴロ4・26秒、同準々決勝の東京ガス戦では、②一塁ゴロ4・22秒、③一塁ゴロ4・26秒。私の全力疾走の基準は「一塁到達4・3秒未満」なので、全打席で全力疾走していることがわかる。長打力もあるので一番近いタイプは阪神の近本だと思う。

2位松本凌人《りょうと》（名城大・投手）はサイドスローから最速153キロのストレートを投げ込む本格派である。変化球はスライダー、カットボール、スプリット、シンカー、カーブを操ると紹介されているが、22年の全日本大学野球選手権1回戦の天理大戦を見た印象では、横変化のスライダーが多く、それ以外ではシンカーが印象に残っている程度。このときのストレートの最速は148キロで、緩いカーブかチェンジアップがあれば投球の幅が広がるのに、と思った。

12日後に平塚で行われた全日本大学野球代表選考合宿に招集され、恒例の紅白戦では白組の2番手で登板、ストレートが最速151キロを計測。24年のドラフト候補、宗山塁（明治大）にライト前、矢澤宏太（日本ハム）にライト前、進藤勇也（日本ハム2位）にセンター前を打たれている。

3位武田陸玖《りく》（山形中央高・投手&外野手）は投打二刀流で出場した23年のU-18ワールドカップで存在感を示した。4試合に指名打者として3、4番を打って11打数4安打3打点を挙げ、投手としては3試合にリリーフ登板、5回3分の1を投げ、被安打2、与四球

2、奪三振5、失点0という成績。これだけ見れば二刀流を推したくなるが、個人的には高校通算31本塁打を記録する打棒一本で突き進んでほしい。

23年8月28日のU－18壮行試合では5番・指名打者でスタメン出場、草加勝《しょう》（亜細亜大↓中日1位）に対し三塁ゴロ、上田大河（大阪商業大↓西武2位）には1－1から外角変化球を捉えて投手の足元を抜くセンター前ヒットを放ち、センスのよさを見せつけた。

4位石上泰輝《いしかみたいき》（東洋大・内野手）は22年東都大学野球リーグ、春の入れ替え戦で勝負強いバッティングが注目された。中央大との初戦は1対0で迎えた5回裏、1死満塁の場面で打席に立ち、西舘勇陽《にしだてゆうひ》（巨人1位）の初球、139キロのカットボールをライトスタンドに運んで勝利を確定づけた。

翌日の第2戦は4対11の9回表、2死一、三塁の場面で1ボールからの141キロのストレートを捉え、右中間フェンスにワンバウンドで達する2点二塁打を放っている。

評判になっている脚力は同大会第1戦の第2打席でショートゴロを放ち、このときの一塁到達が4・08秒、第2戦の第4打席で二塁ゴロを放ったときの一塁到達は4・27秒だった。守備は強肩より、ステップでリズムを作れるところがよさだと思った。

5位石田裕太郎（中央大・投手）は東都大学リーグ、通算7勝10敗の成績でわかるように、絶対的な存在だったわけではない。ストレートは140キロ台中盤が多く、スライダー、フォークボール、チェンジアップなど変化球を交えた緩急に特徴があり、似たタイプを探せば10年DeNA1位の須田幸太（JFE東日本→DeNA→JFE東日本）が近い。

須田は、DeNA8年間のプロ生活で、通算166試合に登板、16勝19敗37ホールドは私が基準にする成功選手には届かないが、プロ引退後、社会人のJFE東日本野球部に戻り、19年の都市対抗に出場、橋戸賞に輝いている。そのときの成績は5試合すべてにリリーフで登板し、14回投げ、被安打3、奪三振17、防御率0・64を記録し、さらに素晴らしいのは与四球が0だったこと。

ストレートの速さも含め、変化球も平均レベルだったが、コントロールは超一流で、セカンドキャリアの社会人野球で見事に大輪の花を咲かせた。石田に求められるのは、須田のコントロールに匹敵する〝一芸〟。

6位井上絢登《けんと》（四国アイランドリーグ／徳島・内野手）はリーグ戦で2年連続ホームラン王に輝いているスラッガー。フルスイングで逆方向の左中間スタンドに放り込めるパワーは魅力がある。また俊足にも持ち味があり、福岡大4年のときに出場した大学選手権1回戦の広島経済大戦では三塁ゴロのときの一塁到達タイムが俊足と言っていい4・21秒だった。またレフト前タイムリーヒットを打ったとき、外野手のホーム送球のスキをついて二塁を陥れているのは、井上の隠し味と言ってもいい。

読売ジャイアンツ

門脇誠

チームの命運を左右する門脇誠のショート定着

年	シーズン順位	交流戦順位	観客動員数
2019	1位	3位	302万7682人(2位)
2020	1位	—	49万2526人(4位)
2021	3位	9位	81万2612人(2位)
2022	4位	10位	231万8302人(2位)
2023	4位	3位	270万8315人(2位)

★(　)は12球団中の順位

選手の年齢構成（巨人）

年齢	投手	捕手	一塁手	二塁手	三塁手	遊撃手	外野手
20							浅野翔吾
21	石田隼都 代木大和						
22	西舘勇陽					中山礼都	秋広優人
23	堀田賢慎 井上温大	山瀬慎之助	菊田拡和			門脇誠	
24	直江大輔 戸郷翔征 山田龍聖 田中千晴				増田陸	湯浅大	岡田悠希 萩尾匡也
25	大江竜聖 大勢 赤星優志 菊地大稀 又木鉄平					泉口友汰	佐々木俊輔
26	山﨑伊織	喜多隆介					
27	森田駿哉 泉圭輔						オコエ瑠偉
28	船迫大雅	岸田行倫	岡本和真				
29	メンデス グリフィン 馬場皐輔 高橋礼			吉川尚輝			松原聖弥
30	畠世周 今村信貴						オドーア
31	ケラー	大城卓三		若林晃弘		増田大輝	重信慎之介 石川慎吾
32	高梨雄平						
33	近藤大亮						
34							
35〜	菅野智之	小林誠司			坂本勇人		丸佳浩 長野久義

［註］ポジションは23年の一、二軍の守備成績を参考

「即戦力ドラフト」から垣間見える「盟主」の焦燥感

23年オフ、巨人はトレードで多くの選手を入れ替えている。入団したのは交換トレードで髙橋礼と泉圭輔（ともにソフトバンク）、金銭トレードで近藤大亮《たいすけ》（オリックス）、現役ドラフトで馬場皐輔《こうすけ》（阪神）、阪神を自由契約になったケラーと、即戦力タイプの投手を5人獲った。

それに対して退団した主な選手はウォーカー（ソフトバンクへ移籍・外野手）、中田翔（自由契約・一塁手）、北村拓己（現役ドラフト・内野手）、中島宏之（戦力外・一塁手）など。獲得したのが投手主体で、退団したのが野手主体。さらにドラフトでは1位が中央大右腕の西《にし》舘勇陽《だてゆうひ》で、2位以下は投手2人、野手2人が社会人。原辰徳監督から阿部慎之助監督に代わっただけで、補強選手がこれほど「投手主体」「即戦力主体」に変わるのかと驚いている。

22年のドラフト1位が高松商高の外野手・浅野翔吾、2位が慶應大の外野手・萩尾匡也《まさや》、4位が創価大のショート・門脇誠という攻撃主体の指名を見て、阿部慎之助ヘッドコーチは危機感を持ったのかもしれない。過去3年のチーム投手成績を見てみよう。

――21年　防御率3・63（4位）　33セーブ（5位）　129ホールドポイント（2位）

22年　防御率3・69（6位）　40セーブ（4位）　136ホールドポイント（5位）
23年　防御率3・39（5位）　31セーブ（6位）　146ホールドポイント（5位）

どの分野もリーグ成績は下位が多い。これなら即戦力投手をほしがるのも無理はない？
「だって、過去10年、うちはドラフト1位で競合した選手は1人しか獲れていないんだよ（22年の浅野翔吾は抽選勝ち）。こういうやり方でしかいいピッチャーは獲れないよ」

そんな声が聞こえてきそうだが、過去10年、巨人と同様にドラフト1位で競合した選手を1人しか獲れていない球団がある。オリックスである。

13年吉田一将（単独1位）、14年山﨑福也（単独1位）、15年吉田正尚（単独1位、野手）、16年山岡泰輔（単独1位）、17年田嶋一樹（2球団競合）、18年太田椋（×小園海斗、野手）、19年宮城大弥（×石川昂弥→×河野竜生）、20年山下舜平大（×佐藤輝明）、21年椋木蓮（単独1位）、22年曽谷龍平（単独1位）（×は競合の結果、獲得できなかった選手）

抽選負けは巨人の11回に対しオリックスは4回だが、宮城も山下も抽選負けを経て獲得した選手である。巨人もやり方次第で12球団ナンバーワンの投手陣を作ることができたはず。ちなみに、抽選で奥川恭伸（ヤクルト）、宮川哲（西武→ヤクルト）を外した19年に獲得した1位は堀田賢慎（青森山田高・投手）、オリックスと同様に佐藤輝明を外した20年に獲得した1位は平内龍太（亜細亜大・投手）だった。

2位以下が全員社会人だったのは近年では17年のロッテしか思い浮かばない。社会人選手が大好きだった一時期のオリックスや中日でも即戦力ばかりをほしがる我が身を恥じたのか、1人くらいは高校生か大学生を下位に交ぜていた。今の巨人はそういう意識もないくらい追い込まれているのだろう。

チーム打撃成績はどうだろう。

21年　打率・242（5位）　本塁打169（1位）　打点532（3位）　盗塁65（4位）
22年　打率・242（6位）　本塁打163（2位）　打点533（2位）　盗塁64（4位）
23年　打率・252（1位）　本塁打164（1位）　打点511（2位）　盗塁48（4位）

ホームランと打点は安定して高いが、打率と盗塁は下位を低迷。要するに細かい戦術より一発攻勢で相手のディフェンスを突破しようというのが昨年までの戦い方だった。そういう戦術を見直していかにプラス効果を生み出していくのか、というのが阿部新監督の狙いだが、それよりも重要なのが、メジャー移籍が目前まで迫っている岡本和真の後釜探し。26年シーズン中に海外FA権を取得するので、移籍金が球団にも入るポスティングシステムの利用が現実的。そうなると25年オフのメジャー移籍が考えられる。在籍している中でポスト岡本の可能性があるのは秋広優人、萩尾、浅野あたりだが、広陵高の超高校級スラッガー、真鍋慧《けいた》（一塁手・大阪商業大進学）を指名する手もあったかなと思っている。

スタメン分析

真価が問われる次代の中軸候補たち

23年、新人の門脇誠が遊撃手としてチーム2位の65試合に出場した（他のポジションは二塁12試合、三塁48試合）。1位は坂本勇人の89試合。以前から囁かれていた〝ポスト坂本〟の道が一応開かれたようだ。門脇の打撃成績は126試合に出場して打率・263、安打83、本塁打3、打点21、盗塁11。レギュラーなら150安打はほしいが、それは今季のお楽しみだ。

門脇のショート定着で坂本が三塁に移り、昨年三塁を84試合守った岡本が一塁に戻ると、秋広が一塁から外野へ本格的にコンバートされる。秋広は昨年も一塁36試合に対し、外野を97試合守っているが、守備率が一塁の・990に対して、外野は・977。守備全般に対し、自ら「課題は全部」と言うように、一軍レベルにないことは自覚している。門脇の2年目の成績次第では、一塁岡本、三塁坂本、左翼秋広の大コンバート案が白紙になるので、門脇は今年は本当の正念場である。

年俸が4億5000万円から2億8000万円（変動制の2年契約）に減額された丸佳浩の後継者も準備しなければならない。同じ外野手の2年目、萩尾匡也が有力候補の1人。

慶應大では3年秋まで通算15安打、1本塁打、7打点だったのが4年春に打率・339、安打20、本塁打5（1位）、打点17（1位）を記録し、4年秋は打率・400、本塁打4、打点17で戦後16人目の三冠王に輝いている。

注目したいのは進化のスピード。文徳高時代は、「ドラフト候補」と騒がれるような選手ではなかった。それが慶大の4年になるとあっという間にトップクラスに踊り出て、プロ1年目もファームで101試合に出場して打率・283、安打87、本塁打7、打点36という好成績を残した。このスピード感が大成する選手には共通している。あとは新監督の抜擢次第だが、萩尾の準備は整っている。

チームとしては盗塁48（4位）、犠打93（5位）という数字の低さが戦略のなさを物語っている。投手の起用人数640人はリーグ最多である。最も少ないのがDeNAの575人で、優勝した阪神も580人という少なさ。巨人からは、戦略のなさを投手起用人数の多さで補おうとする〝采配疲れ〟が見て取れる。

3大会、14年ぶりに優勝したWBCは日本

スタメン候補

	［スタメン］	［控え］
捕	＊大城　卓三	岸田　行倫
		山瀬慎之助
一	岡本　和真	菊田　拡和
二	＊吉川　尚輝	増田　大輝
三	坂本　勇人	増田　陸
遊	＊門脇　誠	＊中山　礼都
		湯浅　大
左	＊秋広　優人	長野　久義
中	萩尾　匡也	＊重信慎之介
右	＊オドーア	＊梶谷　隆幸
		＊丸　佳浩
		浅野　翔吾

＊は左打ち

中を感動の渦に巻き込んだと言っても過言ではない。7試合すべてに出場した岡本はイタリアとの準々決勝で3ランホームランを含む5打点、アメリカとの決勝では2対1でリードする4回裏にソロ本塁打を放ち、メジャーリーグのスカウトの注目を集めた。通算成績は打率・333、安打6、本塁打2、打点7を記録。

年下の代表メンバー、村上宗隆（ヤクルト）、宮城大弥《ひろや》（オリックス）、佐々木朗希（ロッテ）から「師匠」と呼ばれ、「あいつらなめてるんすよ」と笑う姿がスポーツ紙などに紹介された。野球に取り組む姿勢の真摯さゆえに取っつきにくさを感じさせるが、大会中は楽しそうにプレーする姿が見られ、心身ともに一流選手の空気を纏うようになった。昨年のペナントレースでは41本塁打を放ちホームラン王、また昨年達成した6年連続30本塁打以上は巨人では王貞治、松井秀喜に次ぐ3人目。

2023アジアプロ野球チャンピオンシップには門脇、秋広が参加、決勝の韓国戦では延長10回裏にサヨナラヒットを放った門脇がMVPに選出された。秋広は2試合のスタメン出場にとどまりヒットは打っていないが、昨年のペナントレースでは121試合に出場、打率・273、安打111、本塁打10、打点41を挙げ、次代の中軸をアピールした。2メートルの長身ゆえ下半身の脆さが危惧されるが、フルスイングしても軸がまったくブレない下半身が成長を物語っている。

ピッチングスタッフ分析

阪神追撃には菅野智之の復活が不可欠

最初に移籍選手の名前を挙げたが、好素質の若手が多い今の投手陣を見ると過剰なトレードはプラスにはならない。今季24歳の戸郷征翔は昨年優勝したWBCの代表メンバーで、ペナントレースでも12勝5敗、防御率2・38を残し、エース級の活躍と言っていい。

昨年度版ではこの戸郷と山﨑伊織（26歳）、赤星優志（25歳）の3人を次代のエース候補としたが、彼らは順調に成長している。山﨑は初の10勝がかかった23年の最終戦、DeNA戦に先発して完封勝利を挙げたが、与四死球0が素晴らしかった。ストレートはコンスタントに140キロ台後半を計測し、スライダー、カットボール、フォークボールのコントロールが安定し、1対0の僅少差にもかかわらず、逆転される気配がなかった。シーズン成績は23試合に登板して10勝5敗、防御率2・72（9位）、さらに与四球率1・51に山﨑のよさが凝縮されている。

赤星は22年と同じ5勝5敗でシーズンを終えているが、防御率が4・04から3・39に良化し、与四球率は3・69から1・70、奪三振率も6・00から8・35にアップしている。昨年優勝したアジアプロ野球チャンピオンシップに門脇、秋広とともに出場し、1次リーグ

ピッチングスタッフ

[先発]	[中継ぎ]	[抑え]	[その他]
菅野　智之	＊中川　皓太	大勢	＊横川　　凱
戸郷　翔征	菊地　大稀		鈴木　康平
山﨑　伊織	＊髙梨　雄平		平内　龍太
＊グリフィン	ケラー		松井　　颯
＊メンデス	馬場　皐輔		＊髙橋　優貴
赤星　優志	高橋　　礼		泉　　圭輔
			船迫　大雅

＊は左投げ

のチャイニーズ・タイペイ戦に先発して4回3分の2を投げ、被安打3、与四球1、失点0に抑えている。ストレートは140キロ台が多いが、胸元を突いてから外のスライダーで打ち取る内外角の揺さぶりなど、攻撃的な配球で打者を打ち取っている。

髙橋礼、泉、近藤、馬場、ケラーがどのように起用されるのかわからないが、山﨑が今季4年目、赤星が3年目の伸び盛りなので、登板機会が制限されるのが一番つらい。近藤、馬場、ケラー、泉はこれまでの起用法通り、リリーフが多くなると思うが、髙橋礼は先発の実績があるのでわからない。もし髙橋礼が先発で起用されると、枠から弾き出されるのは赤星かもしれない。

昨年の実績で見れば戸郷、山﨑、赤星の3人がローテーションの候補になるが、通算121勝71敗、防御率2・50の菅野智之がエースにならなければおかしい。菅野は20年に14勝2敗、防御率1・97で最多勝と最高勝率に輝き、MVPにも選出され、オフには球団がポスティングシステムを活用したメジャー挑戦を容認するが、提示された条件が希望額と折り合わず、まさかの残留となった。新型コロナウイルスの影響でメジャー各球団の財政が停滞していたことが低条件の理由と言われるが、私はこの頃の菅野のピッチングを見て物足りなさを感じていた。

同じ20年オフ、田中将大がヤンキースとの7年契約を満了し、FA権を取得した。ヤンキースとの再契約の可能性もあったが、ヤンキースが獲得の意思を見せなかったため楽天入団、というのが私たちの知る日本球界復帰のストーリーだが、メジャー各球団の2人に対する態度を見て、彼らの力の衰えを知った。田中も菅野もストレートに速さがなくなり、スライダーとフォークボール頼りの技巧派になっていた。

田中は楽天復帰後、4勝→9勝→7勝、菅野も21年以降、6勝→10勝→4勝と低空飛行を余儀なくされている。菅野の全盛期に近い復活は可能か、というのがここからの話だが、私は十分に可能だと思っている。昨年の菅野のピッチングを目にしたとき、ストレートに速さが戻っていたからだ。22年までは140キロ台が多く、それも中盤までがほとんどだった。それが23年は150キロ台を計測することが多かった。菅野は24年1月早々、走り込みの量を増やすと宣言したが、この数年、体重が絞り切れていない印象もあったので、プラスの効果がありそう。菅野の復活があれば、阪神追撃の一番手になると思う。

ドラフト分析

1位西舘勇陽は次代のエース候補

1位西舘勇陽（中央大・投手）を初めて見たのは花巻東高2年だった18年春のセンバツ大会。準々決勝の大阪桐蔭高戦の4回裏、0対10でリードされた場面で登板、根尾昂（中日）にタイムリー二塁打、藤原恭大（ロッテ）にタイムリーヒットを喫するなど、7失点で降板している。このときのストレートの最速は134キロだった。

翌19年は岩手大会準々決勝の一関学院高戦で見た。前日の大船渡高対盛岡四高戦で佐々木朗希（ロッテ）の最速160キロのストレートを見ていたので見劣りするはずだが、この日の西舘はストレートが最速147キロを計測し、縦変化のスライダーとチェンジアップのキレも素晴らしく、右打者の内角を突く勝負度胸とコントロールのよさ、さらに93キロのスローカーブにも目を引かれた。結果は12安打、3失点の乱調だったが、ドラフト候補の力を十分に見せてくれた。

同年夏の甲子園大会では1回戦の鳴門高戦に2番手で登板したが、0対4の3回表からの登板には違和感があった。この日のストレートの最速は145キロ。一関学院高戦にくらべると外角に逃げる配球が多く、またバント処理のときのフィールディングや一塁送球にも安定感がなかった。

中央大3年時の春のリーグ戦、青山学院大との1回戦では4番手で登板。中島大輔（楽天6位）に内野安打、24年のドラフト候補、佐々木泰《たい》にセンター前ヒットなど3安打されているが、4回を無失点に抑え、ストレートの最速は152キロを計測した。

キャリアを通じてストレートの最速は155キロで、東都大学リーグの通算成績は12勝10敗、防御率1・95。高めストレートを振らせる力があり、カーブを交えた緩急の攻めにもよさがある。即戦力の魅力を秘めた将来のエース候補と言っていい。

24年1月の自主トレで話題になったクイック投法は22年春の東都大学リーグ1、2部入れ替え戦のときのピッチングを紹介しよう。東洋大の先発、細野晴希（日本ハム1位）に対して中大の先発、西舘は無走者でもクイックモーションで投げ、そのタイムは最短で1・01秒だった。標準タイムは1・20秒くらいだから、1・01秒はとんでもない速さ。それを通常はゆったりと投げる無走者のときに投げるのである。

ちなみに、それだけ速いクイックモーションでもスピードは最速で154キロを計測していた。バッターはたまったものではない。

2位森田駿哉《しゅんや》（Honda鈴鹿・投手）は富山商高3年時に出場した夏の甲子園大会のイメージが強烈だった。1回戦の日大鶴ヶ丘高戦は散発6安打に抑える完封勝利。ストレートは最速144キロだったが、早い体の開きを抑えた美しい投球フォームから投げ込む縦変化のカーブ、スライダーのキレのよさにも目を奪われた。

2回戦の関西高戦は4安打、1失点に抑え、ストレートの最速は前と同じ144キロ。4番を打つ小郷裕哉《おごうゆうや》（楽天）を第1、4打席でスライダーを振らせ空振りの三振に切っている。3回戦の日本文理高戦は3対1でリードした8回裏に降板させられているので、ベンチの采配ミスと言っていい。

法政大では15年春季リーグの開幕戦、慶應大との1回戦が大学デビューとなった。リーグ戦の開幕試合に入学したばかりの1年が先発で登板。これだけで期待の大きさがわかる。結果は6回投げて被安打4、与四球2、与死球1、奪三振10で失点0。山本泰寛（中日）には内野安打を打たれたあと2三振、4番横尾俊建《としたけ》（元楽天など）は3打数ノーヒットに抑えている。ストレートの最速は147キロ。

5月3日の明治大戦にも先発しているが、このときは2回投げて2失点で降板している。春の通算成績は1勝2敗と負け越しているが7試合に登板、30回投げて防御率3・60でリーグ5位にランク入りしているが、秋のリーグ戦でヒジ痛を発症してから戦線離脱、大学通算は1年時の1勝2敗がそのまま残っている。

社会人のHonda鈴鹿では1年目から戦力になり、ストレートの最速は151キロまでアップ。台湾で行われた19年のウインターリーグには栗林良吏（当時トヨタ自動車→広島）などとともに社会人選抜メンバーに選出され、エース級の活躍をしている。

3位佐々木俊輔（日立製作所・外野手）は東洋大4年春の1、2部入れ替え戦での俊足が印象深い。3番・ライトでスタメン出場し、第1打席で送りバントを成功させ、一塁到達タイムは4・06秒、第2打席は投手ゴロで同3・77秒、第3打席は二塁ゴロで同3・87秒という速さ。細野晴希（当時東洋大2年→日本ハム1位）と赤星優志（巨人）の投手戦目当てで観戦していたが、いつの間にかその俊足に目を奪われていた。

社会人の日立製作所入社後、一番目立ったのは22年秋の全国大会、日本選手権だろう。1回戦のJR九州戦、1番・センターでスタメン出場し、0対0で迎えた3回裏、1死一塁の場面で左腕・鷲崎淳の真ん中に入ってくるスライダーを捉え、センターバックスクリーンに2ランホームランを放つのである。大学時代の俊足、好守に勝負強さが加わった。

4位泉口《いずぐち》友汰《ゆうた》（NTT西日本・内野手）は大阪桐蔭高時代からショートの守備名人で知られていた。青山学院大が東都大学の1部リーグに昇格した21年春の中央大戦では3番・遊撃手でスタメン出場し4打数0安打、国学院大戦では2番・遊撃手でスタメン出場し、2打数0安打で終わっているが、2四球をとり、送りバントを1つ決めた。この送りバントの際の一塁到達は4・08秒という速さだった。

バッティングで持ち味を説明するのが難しい選手だが、好守とチームプレーが評価されての4位指名。22年に台湾で行われた第4回WBSC U-23ワールドカップでは代表メンバーに選出されているが出場を辞退している。

5位又木《またき》鉄平（日本生命・投手）は最速149キロのストレートにスライダー、カットボール、カーブ、チェンジアップなどを交えた緩急で内野ゴロを量産する技巧派左腕。全国大会のデビュー戦となった23年の都市対抗1回戦、JR東日本東北戦は6回投げて被安打4、与四球1、奪三振6、失点0という内容。十分に持ち味を発揮したと言っていい。ただ、ノーマルな投球フォームなので特徴を出すにはスリークォーター、あるいはサイドスローまで腕を下げたほうがいいかもしれない。また、外勝負に勝機を見出すなら、もう少し厳しく内角を攻めてほしい。技巧派ほど厳しく内角を攻めるというのはプロでは鉄則である。

東京ヤクルトスワローズ

吉村貢司郎

なぜ期待の高校卒ドラフト1位投手が伸び悩むのか

年	シーズン順位	交流戦順位	観客動員数
2019	6位	11位	195万5578人（8位）
2020	6位	—	36万593人（8位）
2021	1位	5位	67万5258人（5位）
2022	1位	1位	161万4645人（7位）
2023	5位	11位	197万6151人（7位）

★（　）は12球団中の順位

選手の年齢構成（ヤクルト）

年齢	投手	捕手	一塁手	二塁手	三塁手	遊撃手	外野手
18		鈴木叶					
20	坂本拓己						西村瑠伊斗
21	竹山日向					小森航大郎	
22		内山壮真				伊藤琉偉	
23	奥川恭伸 西舘昂汰 石原勇輝					長岡秀樹 武岡龍世	
24			北村恵吾		村上宗隆 赤羽由紘		濱田太貴 澤井廉
25	金久保優斗 山下輝 松本健吾				増田珠		並木秀尊 丸山和郁
26	長谷川宙輝 木澤尚文 吉村貢司郎 小澤怜史 ヤフーレ	古賀優大					
27	高橋奎二 大西広樹 柴田大地 エスパーダ						太田賢吾
28	清水昇						
29	今野龍太 田口麗斗 尾仲祐哉 山本大貴 宮川哲			宮本丈 北村拓己			
30	星知弥						
31	原樹理	松本直樹					塩見泰隆 山崎晃大朗
32	サイスニード	西田明央	オスナ	山田哲人 三ツ俣大樹			サンタナ 西川遥輝
33	高梨裕稔						
34	小川泰弘	中村悠平					
35～	石山泰稚 石川雅規 嘉弥真新也				川端慎吾		青木宣親

［註］ポジションは23年の一、二軍の守備成績を参考

リリーフ陣の層の薄さがチーム順位の乱高下を招いている

「たとえば、20年まで日本シリーズ4連覇を成し遂げたソフトバンクなら、リリーフ陣が二重構造になっていて、脱落したセットアッパーの代替選手が浮上するが、今のヤクルトにそういう選手層の厚さはない。チーム事情が似ているのが、野村克也氏が指揮を執った90年代のヤクルトだ。92年（リーグ優勝）、93年（日本一）のあと、94年（4位）、95年（日本一）、96年（4位）、97年（日本一）、98年（4位）と、日本一と4位を行ったり来たりしている。選手層の厚さで上回る90年代のヤクルトでさえ2年連続で強さが続いたことがなかったのである。そう考えると、今季ヤクルトが2連覇するとはどうしても思えない」

（『2022年版プロ野球問題だらけの12球団』より）

22年版でヤクルトについて書いた一節である。23年にヤクルトはリーグ優勝しているので予想は外れたのだが、90年代にヤクルトは92、93年に連覇しているので、私は前提を勘違いしていた。つまり92、93年の連覇は、現代なら21、22年の連覇に置き換えて、それ以降の94→95年の4位→日本一を、23→24年の4位→日本一に予想しなければならなかった。実際に23年は5位になっているので予想の整合性はあるのだが、今年ヤクルトが優勝するのかと問われたら、それは難しいと言わざるを得ない。

◇過去3年の投手成績

21年／リーグ優勝　防御率3・48（3位）　セーブ44（1位）　149ホールド（1位）
22年／日本一　防御率3・52（4位）　セーブ41（3位）　123ホールド（2位）
23年／5位　防御率3・66（6位）　セーブ33（5位）　131ホールド（2位）

セーブとホールドの数字は単純に中継ぎ陣と抑えの充実度の目盛りにした。先発の話を後回しにしているのは、ヤクルトに関しては先発がよくないと考えるのは前提、つまり当然のことで、チーム成績を左右するのはリリーフ陣だと私が考えているからである。

昨年残した中継ぎ陣のHP（ホールドポイント）は、清水昇39（防御率2・98）、石山泰稚《たいち》27（4・40）、木澤尚文22（2・72）、星知弥22（3・38）、山本大貴《だいき》11（2・55）がベスト5。22年は、清水33（1・16）、梅野雄吾20（3・00、現役ドラフトで中日に移籍）、田口麗斗《かずと》19（1・25）、石山泰稚18（1・75）、木澤17（2・94）、今野龍太17（3・72）なので、一目瞭然、安定感がまったく違う。

ここで名前を挙げたリリーフ陣が24年も活躍できるかどうか。清水は4年連続で50試合以上登板、石山は17年以降、7年連続で30試合以上登板、木澤は2年連続50試合以上登板……。木澤は余力がありそうだが、清水と石山はどうだろう。

先発で期待するのは奥川恭伸《やすのぶ》である。過去2年は右ヒジの故障のため戦力にならなかったが、23年シーズン終了後の秋季キャンプでは愛媛マンダリンパイレーツとのオープン戦に登板し、ストレートのスピードは154キロまで復活している。今陥っている、先発不足、スケール感不足、高校卒不足が、奥川の復帰によってすべて補塡される。そういうことを本人が自覚しているのかどうかが問題である。

さて、私が予想した一軍投手陣候補13人（別表の先発・中継ぎ・抑え）を見て、高校卒（移籍選手は除外）が少ないと改めて思う。他球団はどうなのか。阪神3人、広島0人、DeNA1人、巨人1人、中日4人。パ・リーグはオリックス4人、ロッテ6人、ソフトバンク1人、楽天2人、西武4人、日本ハム2人だから、セ・リーグの少なさが際立つ。チーム内には高橋奎二《けいじ》、奥川恭伸、金久保優斗《かなくぼゆうと》、竹山日向《ひゅうが》の4人しかおらず、今回のドラフト会議でも高校生投手は1人も指名していない。ソフトバンク、楽天以外のパ・リーグ各球団の主力である、佐々木朗希、種市篤暉《あつき》（ともにロッテ）、宮城大弥《ひろや》、山下舜平大、東《あずま》晃平、山﨑颯一郎（ともにオリックス）、髙橋光成《こうな》、今井達也、平良海馬（ともに西武）を見ると、ヤクルト投手陣の顔ぶれは古ぼけて見える。

19年1位の奥川がエースに育っていればスカウト陣にも勢いがつくのだが、過去2年で1試合の登板では「高校卒はダメ」となってしまう。こういうのを負の連鎖という。

スタメン分析

村上宗隆と山田哲人の全盛期が微妙に嚙み合っていない

和製大砲2門、は強いチームの旗印である。ヤクルトにも村上宗隆、山田哲人という球界屈指の大砲が揃うが、2人の全盛期が微妙に嚙み合っていない。次の表を見てほしい。

◇村上宗隆と山田哲人の5年間

順位	【村上宗隆の5年間】			【山田哲人の5年間】		
19年6位	打率・231	HR36	打点96	打率・271	HR35	打点98
20年6位	打率・307	HR28	打点86	打率・254	HR12	打点52
21年1位	打率・278	HR39	打点112	打率・272	HR34	打点101
22年1位	打率・318	HR56	打点134	打率・243	HR23	打点65
23年5位	打率・256	HR31	打点84	打率・231	HR14	打点40

山田の成績が22年以降、急降下しているのがわかる。15、16、18年には「打率3割、盗塁30、本塁打30」のいわゆるトリプル3を達成している。プロ野球史上10人の達成者のうち、複数回記録しているのは山田だけ。この山田の全盛期と村上の全盛期が微妙にズレているのが非常に残念だ。

史上最強の和製大砲2門と言えば、巨人V9を象徴するON砲にとどめをさす。王貞治と長嶋茂雄が同じ年にタイトルを分け合ったのは、63年（Oが本塁打、Nが首位打者と打点）、66年（Oが本塁打と打点、Nが首位打者）、68年（Oが本塁打と首位打者、Nが打点）、69年（Oが本塁打と首位打者、Nが打点）、70年（Oが本塁打と首位打者、Nが打点）、71年（Oが本塁打と打点、Nが首位打者）の6回あり、このすべてがチームの日本一に結びついている。

80〜90年代に黄金時代を迎えた西武にも秋山幸二と清原和博という和製大砲2門が揃い、86、88、89、90、92年には2人とも30本塁打以上を放ち、89年以外、チームは日本一に輝いている。

スタメン候補

	［スタメン］	［控え］
捕	中村　悠平	内山　壮真
		古賀　優大
一	オスナ	＊川端　慎吾
二	山田　哲人	＊武岡　龍世
三	＊村上　宗隆	＊澤井　廉
		北村　拓己
遊	＊長岡　秀樹	赤羽　由紘
左	濱田　太貴	＊青木　宣親
中	塩見　泰隆	＊西川　遥輝
右	サンタナ	＊丸山　和郁
		＊山崎晃大朗
		並木　秀尊

＊は左打ち

山田は今季32歳、村上は24歳になるので余力は十分あるが、村上のポスティングシステムを活用したメジャー挑戦は25年オフと予想されているので、あと2年しかない。この間に山田は14〜18年頃のような全盛期に戻せるか時間との勝負になってきた。

村上がWBCで苦い経験をしている頃、アマゾンプライムジャパン配信の『有村架純の撮休』というドラマを観た。気取ったポーズでボールを見送り続けるバッティングセンターの常連に焦れた有村架純が突然キレて、「何球待ってるんだよ」と叫ぶシーンがある。「いやあ、俺の打つべきボールじゃないっていうか　何でもかんでも打てばいいってわけじゃねぇからな」「振れよ　さっきから言い訳ばっかり、ないわぁ〜、ないないないない。すっごいイライラしちゃったんだけど、何、空振り怖いの？」とキレる有村架純。

私が何を言いたいかわかっていただけると思うが、ＷＢＣの村上はセ・リーグの悪しき伝統、ストライクの見逃しが異様に多かった。甘いボールを見逃してカウントを悪くして、追い込まれたあとのボールゾーンにくる変化球を空振りしたり凡打したりを繰り返し、準決勝のメキシコ戦で勝負を決めるサヨナラ二塁打を放ち面目を保ったが、大会を通じて打率・２３１、本塁打１、打点６、三振13は正直言って期待外れだった。

パ・リーグ出身の大谷翔平、吉田正尚が率先して行っていたのはファーストストライクからフルスイングする超積極打法。これを実践しないと24年の村上はＷＢＣの二の舞を演じかねない。村上には『有村架純の撮休』中の第８話「バッティングセンターで待ちわびるのは」（山岸聖太監督）を観て、有村架純の説教に耳を傾けてほしい。

ピッチングスタッフ分析

高校卒投手の墓場

リリーフ陣から先発陣に目を向けると、余力は残されていない。昨年の先発陣の防御率3・95はリーグ最下位。優勝した22年が3・84だから例年よくない。エース小川泰弘が今季34歳になり、左腕石川雅規は44歳。こういうエース格の高齢化を見ても、前途に明るい兆しが見えてこない。高齢化だけではない。ローテーションに入る6人とそれに続く予備数人を入れた合計10人程度の面子が揃わないのである。

昨年、先発で5試合投げたのは、小川、石川、サイスニード、高橋、奥川、吉村貢司郎、小澤怜史、高梨裕稔、ロドリゲス、ピーターズ（自由契約）、山野太一だが、このなかで「上がり目」が期待できるのは高橋、吉村くらい。

21年に奥川（当時20歳）が9勝4敗、金久保優斗（同22歳）が4勝1敗してブレークの気配を見せたが、それ以降、奥川は2年間で1試合、金久保は4試合の登板にとどまっている。奥川と同期の佐々木朗希（ロッテ）も故障が多く批判されることが多いが、佐々木は21年に3勝2敗したあと9勝4敗→7勝4敗と戦力になっている。2年目の奥川と佐々木の差は、投球回の違い（奥川は18試合105イニング、佐々木は11試合63・1回）なのだろう。

ピッチングスタッフ			
[先発]	[中継ぎ]	[抑え]	[その他]
小川　泰弘	石山　泰稚	＊田口　麗斗	ヤフーレ
サイスニード	大西　広樹		金久保優斗
＊高橋　奎二	木澤　尚文		宮川　哲
吉村貢司郎	清水　昇		星　知弥
奥川　恭伸	ロドリゲス		西舘　昂汰
＊石川　雅規	＊嘉弥真新也		阪口　皓亮
			エスパーダ

＊は左投げ

佐々木と同期の宮城大弥（オリックス）は3年目の21年に奥川を超える147回を投げ、3、4年目もローテーション投手として規定投球回（143イニング）をクリアしている。大谷翔平（ドジャース）も日本ハム時代、2年目の14年に155・1回を投げ、NPB＝42勝15敗、MLB＝38勝19敗という成績を残して現在に至っている。

さらに遡って、赤川克紀《かつき》（08年1位）は12年に8勝9敗をしたあと13年に9試合、14年に14試合投げてから姿を消し、増渕竜義《たつよし》（06年高校生ドラフト1巡）も11年に7勝11敗してから12年にリリーフに転じて49試合、13年の5試合を最後に姿を消している。

赤川、増渕、奥川、金久保だけではない、村中恭兵（05年高校生ドラフト1巡）、佐藤由規（07年高校生ドラフト1巡）も私が設定した成功選手（通算50勝〔1セーブ、1ホールドは各0・5勝〕、300試合登板のいずれかをクリア）になる前に選手生命を終え、高井雄平（02年1巡）は打者に転向してから88

2安打しているものの、投手では18勝17ホールドでマウンドを去っている。

高校卒のドラフト1位・1巡の投手が揃って50勝に到達する前に選手生命を終えているのは理由があるはず。当然、ドラフトで高校生投手の指名には腰が引け、23年0人、22年1人（4位）、21年1人（5位）、20年1人（6位）と、下位指名で様子をうかがっているような状態だ。

今季の布陣は新外国人がヤフーレ、エスパーダ、移籍組が嘉弥真《かやま》新也、宮川哲、阪口皓亮《こうすけ》（現役ドラフト）でドラフトは大学生2人、社会人1人、独立リーグ1人という即戦力志向になっている。野手は高校卒の村上、山田を筆頭に中村悠平、長岡秀樹、濱田太貴《たいき》が揃い、控えにも内山壮真、古賀優大《ゆうだい》、代打の切り札・川端慎吾と錚々《そうそう》たる顔ぶれ。高校卒野手を育成するノウハウを投手にも引き継げないのだろうか。

巨人出身の高校卒、田口麗斗には「24年オフにメジャー移籍する」という憶測記事が流れている。22年オフに守護神・マクガフがダイヤモンドバックスに移籍した翌23年、田口は50試合に登板して3勝5敗33セーブを挙げている。その後釜は清水、木澤、石山あたりになりそうだが候補の1人、梅野雄吾が現役ドラフトで中日に移籍したのも意外だった。やることなすことすべてが裏目、裏目に出ている今のヤクルト。救世主になりそうなイキのいい若手がファームにいないのがつらい。

ドラフト分析

1位西舘昂汰は先発タイプの未完の大器

1位西舘昂汰《にしだてこうた》（専修大・投手）は筑陽学園高3年だった19年春、夏の甲子園大会に出場している。夏は進藤勇也（上武大→日本ハム2位）とバッテリーを組んで2回戦の作新学院高戦に先発、延長10回を投げ抜いて3対5で敗れている。このときのストレートの最速は143キロで、強い印象は残していない。

専修大に進学後、ストレートは最速152キロまでアップしたが、2部リーグで投げ続けてきたせいか完成度が不足している。13年1位の国学院大・杉浦稔大《としひろ》（現日本ハム）にも思ったことだが、始動に入るときから左肩が開いている。14年版には「バックネット裏から見る杉浦の投げる姿はピリッとしない。左肩の開きが早いため、投げている姿がダレて見えるのだ」と書いた。スポーツ紙の友人に言ってもピンとこないようで「そうかな」と首を傾げたが18年に日本ハムに移籍し、実働10年になっても通算25勝27敗29セーブ1ホールドにとどまり、成功選手のラインに届いていない。その杉浦と投球フォームが似ている。

西舘に話を戻すと、全体に配球が外角に偏り、内角には投げにくそうだ。開きが早い投球フォームがそうさせているのか、内角を突かなくても2部相手なら抑えることができるので、そうしているのか。いずれにしてもプロ相手に通用する配球ではない。

変化球はスライダー、カットボール、カーブ、チェンジアップがあり、開き云々は別にして体格、投球フォームが専大の先輩、黒田博樹（元広島）によく似ている。黒田は完投が多く、球数の多さでも知られていたが、メジャーリーグで投げるようになってから球数が減り、変化球も凡打に打ち取るツーシームやカットボールなど、打者の手元で小さく変化する球が多くなった。

大学時代の西舘はというと、球数が多すぎる。23年春のリーグ戦は拓殖大1回戦（延長10回完投）169、東京農業大1回戦（延長11回完投）145、国士舘大1回戦（完投）102、立正大1回戦（延長10回完投）136、東洋大1回戦（完封）109。23年春の通算成績は7試合、62・2回投げて5完投、3勝3敗、防御率1・01は、東洋大の細野晴希（日本ハム1位）の0・82に次いで2位だが、東都大学リーグにありがちな球数の多さが気になる。

2位松本健吾（トヨタ自動車・投手）は亜細亜大時代、通算7勝9敗、防御率2・63という平凡な記録が残っている。4年春は3勝3敗、防御率1・61（4位）でベストシーズンと言っていいが、中央大2回戦を見た印象はストレートの最速が144キロで、6回1失点で降板している。

トヨタ自動車入社後は球が速くなった。23年の都市対抗2回戦、ＥＮＥＯＳ戦では7回から森田駿哉《しゅんや》（巨人2位）をリリーフ、3回を1安打無失点に抑えている。5番度会隆輝《わたらいりゅうき》（ＤｅＮＡ1位）とは2打席で対戦、三塁ゴロと一塁ゴロに打ち取っている。準決勝のＪＲ東日本戦でも7回から3イニング投げ1安打無失点に抑え、リリーフに適性を見せている。

23年秋の日本選手権2回戦、Ｈｏｎｄａ熊本戦では先発に役割を代え、5回を投げて8安打、1四球、4死球、3失点で降板している。22年のパナソニック戦では1安打完封勝利を挙げているが、直近の大会のほうが印象は強いのでリリーフでの起用が試されそうだ。

3位石原勇輝（明治大・投手）は広陵高時代に19年のセンバツ大会に出場しているが、エース河野《かわの》佳《けい》（広島）の陰に隠れ、目立たなかった。2回戦の東邦高戦では2番手で登板、4回投げ自責点3で降板している。球速は133キロが最速で、高い所から落ちてくる縦変化のカーブのほうが記憶に残っている。

明治大では28試合に投げ3勝1敗、防御率3・17というのが通算成績。ベストシーズンは、規定投球回にこそ達していないが、5試合・17回3分の2を投げ、1勝0敗、防御率1・02を挙げた4年春のシーズンで、1勝1分けで迎えた慶應大3回戦では先発して6回を投げ、無失点に抑えている。リリーフが打たれ、ゲームには負けたが、相手が優勝を争う慶大だけに好印象を受けた。

ピッチングの特徴はカーブ、スライダー、チェンジアップのキレに持ち味がある。さらに始動の際、右足を高く上げるときと上げないときがあり、バッターはその動きと球種を関連づけようとするが、ほとんど関連はないように見える。スライダーとチェンジアップは逆方向の変化なので、石原の球種の中では最も打者を幻惑させる。明治大の先輩なら、低めのコントロールで勝負できる山﨑福也《さちや》（日本ハム）のようなタイプをめざしたい。

4位鈴木叶《きょう》（常葉大菊川高・捕手）は二塁送球が最速1・85秒を計測した強肩捕手。サイド気味に腕が出るので球筋がシュート回転する悪癖があるが、23年センバツ大会2回戦、専大松戸高戦では4回と8回に二盗を阻止、実戦での強さを見せている。

4番に座ったバッティングは第2打席でセンター前ヒットを放ち、高校通算21本塁打の片鱗を見せている。

5位伊藤琉偉（BCリーグ福井・内野手）は東農大二高時代、1年秋から外野手としてベンチ入りを果たしている。ショートを中心に内野全般をこなし、外野も守るユーティリティプレーヤー。東京農業大2年時の21年春の東都大学2部リーグ、専修大1回戦では7番・ライトで先発出場し、2打数ノーヒット。相手がロッテにドラフト1位で入団した菊地吏《り》玖《く》だったことを考えれば仕方がないか。

3年春に中退して独立リーグのBCリーグ・アルビレックス新潟に入団、1年目からリーグ戦出場を果たしている。これまでの紹介で小技に長けた技巧型の選手を想像するかもしれないが、クセのないスクエアなバッティングフォームから力強い打球を広角に打ち分ける中距離ヒッター。23年のリーグ戦には41試合に出場、打数149、安打50、本塁打4、打点32、打率・336、盗塁7という成績を収めている。

中日ドラゴンズ

鵜飼航丞

「二遊間集めドラフト」をやっている余裕はないはずだ

年	シーズン順位	交流戦順位	観客動員数
2019	5位	8位	228万5333人(4位)
2020	3位	—	37万8006人(7位)
2021	5位	4位	59万3791人(9位)
2022	6位	11位	180万7619人(5位)
2023	6位	9位	218万3950人(5位)

★(　)は12球団中の順位

選手の年齢構成（中日）

年齢	投手	捕手	一塁手	二塁手	三塁手	遊撃手	外野手
19	福田幸之介						
20		山浅龍之介					
21		味谷大誠					
22	髙橋宏斗 福島章太 上田洸太朗			龍空		津田啓史	岡林勇希
23	仲地礼亜 草加勝 土生翔太			村松開人	石川昂弥	辻本倫太郎	
24	根尾昂	石橋康太				濱将乃介 田中幹也	
25	清水達也 加藤竜馬 梅野雄吾						ブライト健太 鵜飼航丞
26	藤嶋健人 橋本侑樹 森博人				石垣雅海		細川成也
27	小笠原慎之介 勝野昌慶 石森大誠						三好大倫
28	マルティネス 梅津晃大			福永裕基			
29	砂田毅樹						上林誠知
30	柳裕也				高橋周平		
31					山本泰寛		後藤駿太
32	福敬登	加藤匠馬				カリステ	
33	福谷浩司	木下拓哉					加藤翔平
34	松葉貴大						ディカーソン
35～	大野雄大 祖父江大輔 涌井秀章 田島慎二		ビシエド 中田翔 中島宏之				大島洋平

[註] ポジションは23年の一、二軍の守備成績を参考

中日のドラフトは〝失われた10年〟になるのか

立浪和義氏の監督就任が決まった21年から中日のドラフトがおかしくなった。23年版では根尾昂の遊撃手から投手へのコンバート、さらに根尾のレギュラー遊撃手定着の壁になっていた京田陽太（ＤｅＮＡ）、阿部寿樹（楽天）を次々にトレードに出し、いなくなった内野手の穴をドラフトで補填するチーム作りを批判して、次のように書いた。

「『ドラフトでは即戦力候補の内野手、村松開人（明治大2位）、田中幹也（亜細亜大6位）、福永裕基（日本新薬7位）を獲っていますから』そういう反論が聞こえてきそうだが、私が一番嫌いなのは『即戦力』という言葉。耳に快い響きに多くの球団はこれまで貴重な上位枠を無駄遣いしてきたが、そうならないよう心から期待している」

（『２０２３年版プロ野球問題だらけの12球団』より）

過去3年のドラフトでどういう野手を指名してきたのか振り返ってみよう。

21年　1位ブライト健太（上武大・外野手）、2位鵜《う》飼航丞《かいこうすけ》（駒澤大・外野手）
22年　2位村松開人（明治大・内野手）、4位山浅龍之介（聖光学院高・捕手）、5位濱将乃介（日本海オセアン福井・内野手）、6位田中幹也（亜細亜大・内野手）、

7位福永裕基（日本新薬・内野手）

23年　2位津田啓史（三菱重工East・内野手）、3位辻本倫太郎（仙台大・内野手）

彼らがいなくても、捕手石橋康太、一塁手中田翔、二塁手龍空《りゅうく》、三塁手石川昂弥《たかや》、遊撃手カリステ、左翼手上林誠知《うえばやしせいじ》、中堅手岡林勇希、右翼手細川成也《せいや》という布陣は組めた。そう考えると過去3年のドラフトは何だったのかと思う。

順調なら28年オフには岡林、29年オフには石川の国内FA権取得の話題が出る。今のままのチーム状況（勝てない、内外からの監督批判、年俸への不満）で岡林や石川が残留すると考えるのは相当能天気。野手陣の力が落ちたらそれを補うのは投手力である。現在の西武を見ればそういう理屈が腑に落ちる。

ところが20年以降、中日は野手偏重のドラフトを繰り返してきた。主力投手の国内FA権取得は、柳裕也が25年オフ、小笠原慎之介はポスティングシステムを活用したメジャー挑戦を表明しているのでXデーはそう遠くない。

それらを考えると、立浪監督の道楽と言っていい〝二遊間集めドラフト〟をやっている時間的な余裕はないのである。落合博満GM（13年オフ～17年1月）の〝社会人集めドラフト〟といい、過去10年の中日はどこへ向かって走っているのか誰にもわからない迷走状態にあると言っていい。

これほど悪い条件が揃っても、24年のチーム状況がそれほど悪く見えないのが不思議だ。落合GM、立浪監督と被らない17〜20年のドラフトで獲得した選手たちがチームに明るい光をもたらしているのである。

17年……4位清水達也（花咲徳栄高・投手）
18年……1位根尾昂（大阪桐蔭高・投手&野手）、2位梅津晃大（東洋大・投手）、3位勝野昌慶（三菱重工名古屋・投手）、4位石橋康太（関東一高・捕手）
19年……1位石川（東邦高・内野手）、5位岡林（菰野高・外野手）
20年……1位髙橋宏斗（中京大中京高・投手）、3位龍空（近江高・内野手）

落合、立浪両氏のドラフトはチームを小さく縮めてきたが、これから舵取りをするフロントマンにはその逆を行く、スケールの大きいオリックス型のチーム作りをめざしてほしい。その役割を担うのは結果こそ出ていないが18年組の4人。根尾は大谷翔平に続く〝二刀流〟になれる可能性を依然として秘めていると思うし、4年間で通算7勝6敗の梅津の可能性も否定しない。

私は星野仙一氏の信者ではないが、星野氏は最下位になることを恐れず次代の若手を積極的に抜擢してきた。96年にホームラン王になった山﨑武司（当時中日）、90年の立浪（当時中日）がいい例で、今もちょうど最下位を恐れずに若手を抜擢できる時期である。

スタメン分析

中田翔の移籍で中軸が固まる

中田翔は22年オフに巨人と3年契約を結んでいたが、23年オフにオプトアウト権（複数年契約を選手自身が破棄すること）を行使して自由契約になった。秋広優人の成長で出番が少なくなった巨人を出る以上、攻撃力の低い中日を選ぶのは当然だ。23年の中日のチーム打撃成績は以下の通り。

―打率・234（10位） 本塁打71（12位） 得点390（12位） 盗塁36（11位）

日本ハム時代、本拠地が広い札幌ドームでありながら261本のホームランを記録した中田なら、本拠地をホームランの出にくいバンテリンドームに変えても自分の力は十分に発揮できると考えていい。中田の昨年までのプロ通算成績も紹介しよう。

―打率・250 本塁打303 打点1062 ※打点王3回（14、16、20年）

ゴールデングラブ賞も一塁手として5回受賞し、国際大会は、WBCに2回（13、17年）選出され、17年の同大会ではホームランを3本放ち、15年に選出されたWBSCプレミア12では打率・429、安打12（参加選手中1位）、本塁打3、打点15（1位）を記録、大会後、ベストナインに選出されている。

マスコミは広いバンテリンドームをホームにするマイナス面ばかり強調するが、中田の真骨頂は打点。大島洋平、岡林勇希といったチャンスメーカーもいるし、今年は塁上に走者を置いた場面が多く見られそうだ。

ファームで注目するのは21年2位の鵜飼航丞（外野手）だ。23年のファームでの成績、打率・287、安打80、本塁打7、打点38は、安定感と長打力が両立しているのがいい。台湾で行われたアジアウインターリーグには16試合出場し、打率・280、4本塁打、12打点（リーグ2位）を残している。

スタメン候補

	［スタメン］	［控え］
捕	石橋　康太	木下　拓哉
		＊宇佐見真吾
一	中田　　翔	中島　宏之
		ビシエド
二	福永　裕基	山本　泰寛
		＊村松　開人
三	石川　昂弥	＊髙橋　周平
遊	カリステ	＊龍空
左	＊岡林　勇希	＊上林　誠知
中	＊大島　洋平	＊ディカーソン
右	細川　成也	＊後藤　駿太
		鵜飼　航丞

＊は左打ち

巨人の成長株、萩尾匡也（外野手）が同リーグで打率・326を記録し、注目されているが、鵜飼のことを「（岡本）和真さんとかウォーカーのバッティング練習を見ているような感覚で、スイングも鋭い。鵜飼さんをよく見るようになって、ストイックに毎日ウエートトレをやっていた。そういうところを見て僕も台湾では毎日ウエートについていくように頑張ってみました」（『サンスポ』配信、2

023年12月18日）と語っている。

レギュラー捕手の確立も課題だ。21、22年に120試合にマスクを被った木下拓哉が昨年87試合に減少したのは骨折が原因。23年6月に行われた試合中、涌井秀章のワンバウンド球を捕り損なったときに発生したもので、昨年の後半には一軍の試合にキャッチャーとして出場している。ただ、もう大丈夫と軽々に言えないのは、木下の欠場中に一軍で起用された石橋康太や日本ハムから移籍した宇佐見真吾が頭角を現しているからである。とくに石橋は今年24歳の成長株でチームの将来も担っている。木下に悠長に構えている余裕はない。

チームの課題である二遊間の確立は、難問だ。昨年、各選手が同ポジションに就いた試合数は以下の通り。

二塁……村松開人70、福永裕基68、龍空19、石垣雅海《まさみ》15
遊撃手……龍空96、カリステ34、村松開人30、溝脇隼人24（自由契約）

福永は8月22日以降の試合が多かったにもかかわらず打率・241、本塁打2を記録、シーズン通算守備率・979も村松、龍空を上回っている。二塁は打撃でライバルの上を行く福永がレギュラーに最も近い。

ピッチングスタッフ分析

先発、リリーフとも数字以上に充実している

先発、リリーフとも充実している。昨年のチーム防御率3・08（2位）、ホールド142（1位）がそれを証明している。リリーフ陣では防御率2点以下が多いことに驚かされる。守護神マルティネスの0・39をはじめ、齋藤綱記《こうき》0・73、藤嶋健人1・07、松山晋也1・27と続き、2点台も勝野昌慶《あきよし》2・01、福敬登《ひろと》2・55が並ぶ。

セーブ37はリーグ4位に過ぎないが、このうち抑えのマルティネスにセーブポイントがついたのは32試合。リードしている展開でないとつかないのがセーブポイント。チームが2年連続最下位で、チーム得点390は同リーグ5位広島の493に100以上後れを取る、圧倒的（12球団中）最下位。そしてマルティネスの防御率0・39はセ・リーグのリリーフ投手全般の中でも圧倒的ナンバーワン。40イニング以上投げた中に防御率0点台は他におらず、1点台も石井大智《だいち》1・35、岩崎優《すぐる》1・77、桐敷拓馬1・79（ともに阪神）、ターリー1・74（広島、現楽天）、ウェンデルケン（DeNA）1・66、田口麗斗《かずと》（ヤクルト）1・86、藤嶋健人（中日）1・07だけ。その中でも藤嶋が第2位なので中日リリーフ陣の充実ぶりがわかる。

マルティネスはストレートが最速161キロの速さで、さらに投球フォームが正真正銘のオーバースロー。193センチの長身の頭上高くからリリースされる球に、打者は2階建ての家の屋根から投げ下ろされているような錯覚を覚えるのではないか。昨年の与四球率0・77、奪三振率11・96も完璧。球数の少ないリリーフ投手には珍しく、ナックルカーブ、ツーシームファストボール、チェンジアップ、スプリットを備え、日本人には徹底してストレートで攻めるのに対し、外国人にはナックルカーブ、チェンジアップなどを連投して打ち取るなど、状況に応じたピッチングができるところが秀逸。21年オフに3年契約を結んでいるので、それが切れる今季のオフはメジャー各球団を交えた争奪戦が演じられるのは必至。マネー合戦になったら勝ち目はないので、それ以外の魅力で対抗しなければならない。今から準備しないと大変なことになる。

先発陣も頑張っている。昨季、柳裕也は4勝11敗だが、6イニング以上投げて2失点以内が15試合あり、その勝敗は3勝5敗。チームがまともな得点力を備えていればすべて勝っていてもおかしくないので、16勝6敗の可能性もあった。それほど攻撃力には泣かされてきたのに、7月以降、失点2以内で6イニング以上投げた試合が10試合もあった。防御率2・44は勝敗だけで評価されてなるものか、という柳の反発力の強さを証明している。

高橋宏斗の昨季の7勝11敗、防御率2・53にも柳と同じような不運のあとが見える。23

ピッチングスタッフ			
[先発]	[中継ぎ]	[抑え]	[その他]
柳　裕也	清水　達也	マルティネス	＊大野　雄大
髙橋　宏斗	祖父江大輔		梅野　雄吾
＊小笠原慎之介	藤嶋　健人		福谷　浩司
涌井　秀章	松山　晋也		＊齋藤　綱記
梅津　晃大	＊福　敬登		根尾　昂
＊松葉　貴大	勝野　昌慶		＊橋本　侑樹
			フェリス

＊は左投げ

年5月7日の巨人戦は7回投げて1失点、6月4日のオリックス戦は7回投げて無失点、8月26日のDeNA戦も7回投げて無失点でも勝ち負けなしという不運。WBC決勝のアメリカ戦では3対1でリードした5回に登板、トラウトをフォークボール、ゴールドシュミットを156キロのストレートで三振に取ったシーンは日本中の野球ファンが見ている。

ペナントレースの7勝11敗という成績とWBCで見せた熱量の差、つまり国際大会とペナントレースのインパクト（衝撃度）の差の中に、野球ファンに晒している現在の中日の姿が認められるのである。

先発は他にも小笠原慎之介、涌井秀章、福谷浩司、松葉貴《たか》大《ひろ》がいて期待の梅津晃大《こうだい》は昨年、8月31日にトミー・ジョン手術からの戦列復帰を果たし、9月にも2試合登板し、9月25日の阪神戦では先発して1失点に抑え1177日ぶりの勝ち星を挙げている。こうして見ると投手陣のレベルは阪神、広島に次ぐ高さと言っていい。

ドラフト分析

4位福田幸之介が秘めるドラ1級のポテンシャル

1位で入札した度会隆輝（DeNA）を抽選で外して、ロッテと競合した**草加勝**（亜細亜大・投手）を獲得。ここまで投打の陣容を分析してきて明らかなように、中日は投手より打撃陣の強化をめざしているチーム。DeNAは外野で起用すると思うが、中日なら二塁起用だったと思う。

さて、草加は亜細亜大3年春までリーグ戦で1試合しか投げていない。その1試合、21年春の立正大1回戦、3番手で登板している試合を見た。7回表、7番打者から始まる下位打線相手に1安打無失点で切り抜けた。ストレートの最速は146キロで、投球フォームはクセがあった。始動で上げた左足を静止させるので、投げ始めからボールがミットに入るまでの投球タイムが3秒以上あったのだ。これは明らかに長すぎ。

それが4年になって常識的なタイムになっている。いわゆるノーマル。上げた左足を静止させるクセは残っているが、それが流れを悪くしていない。目をみはるのが大学4年になってからの充実ぶりだ。それまで2勝0敗だったのがあっという間に通算2ケタ勝利まで星を伸ばすのだ。

◇亜細亜大4年時の成績

春　9試合　71回　6勝3敗　被安打35　与四死球14　奪三振49　防御率1・52

秋　8試合　63・1回　5勝3敗　被安打49　与四死球13　奪三振35　防御率1・42

春は勝ち星、イニング数がリーグ1位で最優秀投手、ベストナインに選出され、秋は勝ち星とイニング数がリーグ1位だった。亜細亜大の投手らしくスタミナがあり、コントロールが安定している本格派右腕である。これまでのストレートの最速は153キロで、持ち球はスライダー、カーブ、そして亜大伝統のツーシームを備えている。

即戦力の楽しみがあるが、中日は先発もリリーフも充実している。昨年も1位の仲地《なかち》礼《れい》亜《あ》（沖縄大卒）が即戦力を期待されながらも、9試合、43・1回の登板にとどまり、2勝5敗、防御率4・98に終わっている。球速もコントロールも草加のほうが上だが、先発＋リリーフ13人の中に割って入るには182センチ75キロの〝長身痩軀《そうく》型〟を改善するための＋8キロの体重増が最初の課題だろう（24年2月1日に右肘内側側副靭帯を損傷してトミー・ジョン手術を受ける）。

22年から続くショート指名路線の23年の第一弾が、**2位津田啓史《けいし》**（三菱重工East・内野手）だ。横浜高2年のとき同学年のチームメートの度会隆輝とともにセンバツ大会に出場、1回戦の明豊戦では度会が代打で1回だけ打席に立ったのに対し、津田は2番・遊撃手としてスタメン出場、5打数2安打、打率4割を残している。3本の内野ゴロを打ったときの一塁到達タイムはすべて4・3秒台のスピードで、バッティングは踏み込んでいくときの慎重なステップが好打者に共通する緩急対応型。

社会人の三菱重工Eastに進んでからは、22年の日本選手権が最初に経験する全国大会。1、2戦とも1番・遊撃手としてスタメン出場し、第2戦のNTT東日本戦で3打数1安打を記録した。

翌23年の都市対抗では2回戦の東芝戦で9番・遊撃手として出場、3打数1安打、準々決勝の王子戦で4打数1安打を記録、4回裏には盗塁も成功している。

3位辻本倫太郎（仙台大・内野手）もショートを守る選手。22年6月19日に平塚で行われた全日本大学野球代表選考合宿のメンバーに選出されている。紅白戦では松本凌人《りょうと》（名城大→DeNA2位）と対戦して三塁ライナー、第2打席では伊藤茉央《まお》（当時東農大北海道オホーツク、現楽天）に空振りの三振を喫している。

168センチ73キロの小兵だが、アストロズの二塁手、168センチの強打者・アルトゥーベを思わせるフルスイングに特徴があり、明治神宮大会と全日本大学野球選手権では1本ずつホームランを放っている。

4位福田幸之《こうの》介《すけ》（履正社・投手）は最速151キロを計測するストレートで知られる左

腕の本格派だ。3年夏の大阪大会決勝で3安打完封した大阪桐蔭高のエースが当時ドラフト1位候補として注目されていた前田悠伍《ゆうご》（ソフトバンク1位）で、その前田を上回る投球内容で完封したことで知名度が一挙に上昇した。

同年夏の甲子園大会では初戦の鳥取商高戦で二番手として1イニングを投げ無失点。2回戦の高知中央高戦では先発して6回投げ2失点したものの奪三振8を記録、それも3～5番のクリーンアップから4つの三振を奪っているところが光る。

3回戦で対戦した仙台育英高には3対4で惜敗したが、同校は前年の覇者にして、23年も決勝まで進出している。その最強豪校を相手に2回3分の2を投げ、被安打1、奪三振1、与四球1、失点1に抑えている。

投球フォームはテークバックまでの腕の振りが内回旋で、無理なくヒジが上がっているところが魅力。下半身に躍動感があり、4位指名でも1位の前田と大きな差が感じられない。

5位土生《はぶ》翔太（BCリーグ茨城・投手）は横浜高時代、津田啓史（2位）、度会隆輝たちの1学年先輩だったが、彼らのような知名度はなく桜美林大に進学。ここでも4年間の通算成績が1勝7敗と芳しくなく、素質が開花したのはBCリーグの茨城プラネッツに入団してから。同球団のホームページの選手紹介欄にはストレートの最速が153キロと紹介され、変化球はカーブ、チェンジアップ、フォークボール、ツーシームの4種類。そのうち本人が一番自信を持っているのがストレートで、目標とする選手は千賀滉大（メッツ）。投げにいくときに左肩を上げ、真っ向から投げ込んでいく力投タイプ。千賀というより、千賀のチームメイトだった森唯斗（DeNA）のほうが近い。

6位加藤龍馬（東邦ガス・投手）は亜細亜大時代の戦績が0勝0敗。21年4月9日の中央大戦にリリーフしている試合を見ているが、観戦ノートに記載はない。ただ、森下翔太への2球目が死球になり、次打者にタイムリー二塁打を打たれている。7番打者を三振に切ってイニングを終えているが、この三振に取った球が151キロのストレート。

同年5月14日の立正大戦にも4番手で登板し、2番打者を三振に取った球が150キロのストレートで、5番打者にタイムリーを打たれた球が147キロのストレートだった。

このときのピッチングは少しだけ観戦ノートに記載していて、ストレートの最速は148キロ、リリースに向かっていくときのステップが狭く、変化球のコントロールが安定していないと書かれている。

東邦ガス入社後はストレートの最速が154キロになり、スポーツ紙にはスライダー、カーブ、フォークボール、チェンジアップの変化球を擁するとあるが、未完の大器ぶりはそれほど変わっていないようだ。

パシフィック・リーグ戦力徹底分析！

2023年データ

チーム	勝	敗	分	勝率	差	打率	得点	防御率
オリックス	86	53	4	.619	—	.250①	508③	2.73①
ロッテ	70	68	5	.507	15.5	.239④	505④	3.40⑤
ソフトバンク	71	69	3	.507	15.5	.248②	536①	3.27④
楽天	70	71	2	.496	17.0	.244③	513②	3.52⑥
西武	65	77	1	.458	22.5	.233⑤	435⑥	2.93②
日本ハム	60	82	1	.423	27.5	.231⑥	464⑤	3.08③

※○内数字は順位
※クライマックスシリーズでは、シーズン2位のロッテがファーストステージにおいて同3位のソフトバンクに2勝1敗。ファイナルステージではシーズン優勝のオリックスがロッテを4勝1敗で下し日本シリーズ進出

個人タイトル

MVP		山本　由伸（オ）	
新人王		山下　舜平大（オ）	
打撃部門	打率	頓宮　裕真（オ）	.307
打撃部門	打点	近藤　健介（ソ）	87
打撃部門	本塁打	近藤　健介（ソ） 浅村　栄斗（楽） ポランコ（ロ）	26
打撃部門	安打	柳田　悠岐（ソ）	163
打撃部門	出塁率	近藤　健介（ソ）	.431
打撃部門	盗塁	小深田　大翔（楽）	36
投手部門	防御率	山本　由伸（オ）	1.21
投手部門	勝利	山本　由伸（オ）	16
投手部門	勝率	山本　由伸（オ）	.727
投手部門	HP	ペルドモ（ロ）	42
投手部門	セーブ	松井　裕樹（楽）	39
投手部門	奪三振	山本　由伸（オ）	169

2024

パ・リーグ2023年ドラフト会議指名結果

球団	順位	選手	守備	所属
オリックス バファローズ	1位	横山　聖哉	内野手	上田西高
	2位	河内　康介	投手	聖カタリナ学園高
	3位	東松　快征	投手	享栄高
	4位	堀　柊那	捕手	報徳学園高
	5位	高島　泰都	投手	王子
	6位	古田島　成龍	投手	日本通運
	7位	権田　琉成	投手	TDK
千葉ロッテ マリーンズ	1位	上田　希由翔	内野手	明治大
	2位	大谷　輝龍	投手	富山GRNサンダーバーズ
	3位	木村　優人	投手	霞ヶ浦高
	4位	早坂　響	投手	幕張総合高
	5位	寺地　隆成	捕手	明徳義塾高
福岡ソフトバンク ホークス	1位	前田　悠伍	投手	大阪桐蔭高
	2位	岩井　俊介	投手	名城大
	3位	廣瀬　隆太	内野手	慶應大
	4位	村田　賢一	投手	明治大
	5位	澤柳　亮太郎	投手	ロキテクノ富山
	6位	大山　凌	投手	東日本国際大
	7位	藤田　悠太郎	捕手	福岡大学附属大濠高
東北楽天 ゴールデンイーグルス	1位	古謝　樹	投手	桐蔭横浜大
	2位	坂井　陽翔	投手	滝川二高
	3位	日當　直喜	投手	東海大学菅生高
	4位	ワォーターズ璃海ジュミル	内野手	日本ウェルネス沖縄高
	5位	松田　啄磨	投手	大阪産業大
	6位	中島　大輔	外野手	青山学院大
	7位	大内　誠弥	投手	日本ウェルネス宮城高
	8位	青野　拓海	内野手	氷見高
埼玉西武 ライオンズ	1位	武内　夏暉	投手	国学院大
	2位	上田　大河	投手	大阪商業大
	3位	杉山　遙希	投手	横浜高
	4位	成田　晴風	投手	弘前工高
	5位	宮澤　太成	投手	徳島インディゴソックス
	6位	村田　怜音	内野手	皇學館大
	7位	糸川　亮太	投手	ENEOS
北海道日本ハム ファイターズ	1位	細野　晴希	投手	東洋大
	2位	進藤　勇也	捕手	上武大
	3位	宮崎　一樹	外野手	山梨学院大
	4位	明瀬　諒介	内野手	鹿児島城西高
	5位	星野　ひので	外野手	前橋工高

オリックス・バファローズ

山下舜平大

山本由伸が抜けても
山下舜平大がいる

年	シーズン順位	交流戦順位	観客動員数
2019	6位	2位	173万3998人（11位）
2020	6位	—	33万3559人（9位）
2021	1位	1位	43万1601人（12位）
2022	1位	9位	141万2638人（9位）
2023	1位	4位	194万7453人（8位）

★（　）は12球団中の順位

選手の年齢構成（オリックス）

年齢	投手	捕手	一塁手	二塁手	三塁手	遊撃手	外野手
19	河内康介 東松快征	堀柊那				横山聖哉	
20	齋藤響介				内藤鵬		
21							池田陵真
22	山下舜平大					紅林弘太郎	元謙太 来田涼斗
23	宮城大弥 前佑囲斗 吉田輝星			太田椋			
24	曽谷龍平 権田琉成					宜保翔	杉澤龍
25	本田仁海 東晃平 高島泰都 古田島成龍	福永奨				野口智哉	渡部遼人 茶野篤政
26	小木田敦也 山﨑颯一郎 宇田川優希 エスピノーザ						
27	横山楓 村西良太 鈴木博志						
28	田嶋大樹		頓宮裕真		宗佑磨		中川圭太
29	山岡泰輔 カスティーヨ	森友哉 若月健矢 石川亮					
30							西川龍馬 トーマス
31	マチャド			大城滉二 山足達也			
32	阿部翔太						福田周平
33	山田修義						杉本裕太郎
34					西野真弘		
35～	平野佳寿 比嘉幹貴		T-岡田	ゴンザレス		安達了一	小田裕也

［註］ポジションは23年の一、二軍の守備成績を参考

日本ハム流のドラフトを移植した福良淳一GMの功績

今、最も理想的なチーム作りをしているのが21年から3連覇の途上にあるオリックス（22年は日本一）だろう。09〜13年、15〜20年がBクラスだから、3連覇する以前の10年以上は暗黒時代と言っていい。スカウティングなどの選手補強を統括する背広組のトップにいる福良淳一GMの貢献が見逃せないが、福良氏と縁の深い球団が日本ハムである。

福良氏は05年にオリックスのスカウトから日本ハムの二軍内野守備コーチに就任した。栗山英樹氏が監督に就任した12年にはヘッドコーチを務め、オリックス復帰は翌13年。結局、05〜12年までの8年間日本ハムに籍を置くのだが、その間、06年＝日本一、07年＝優勝、09年＝優勝、12年＝優勝、を体験する。

福良氏とともに05年から日本ハムのフロントに入るのが現在のチーム統括本部長・吉村浩氏である。デトロイト・タイガースのオフィシャル・スタッフ時代、選手の能力を数値化する「ベースボール・オペレーション・システム」（通称BOS）の運用を任されていた吉村氏は日本ハムでもBOSを導入、結果を出した。

05年高校生ドラフト1巡陽岱鋼（福岡第一高・内野手）、07年高校生ドラフト1巡中田翔（大阪桐蔭高・内野手）、10年2位西川遥輝（智弁和歌山高・外野手）、11年2位松本剛（帝京高・内野手）、同年4位近藤健介（横浜高・捕手）、同年6位上沢直之（専大松戸高・投手）、12年1位大谷翔平（花巻東高・投手&野手）という有名・無名の高校卒選手はすべてBOS規格に合った選手ばかりだ。

オリックス出身の福良氏は頬を叩かれる気分だっただろう。13年にオリックスに移ってヘッドコーチや一軍の監督代行を務めたあと、GMとしてスカウティングなどの指揮を執るのは19年から。このときには日本ハムが実践していた高校生路線や野手を積極的に上位で指名する効果を、日本ハム以上にわかっていた気がする。

19年は1位で競合した石川昂弥《たかや》、河野竜生を抽選で外して宮城大弥《ひろや》（興南高・投手）を指名、同年2位で紅林弘太郎（駿河総合高・内野手）を指名。20年1位は佐藤輝明を抽選で外して山下舜平大（福岡大大濠高・投手）を指名という流れ。

宮城は「外れ外れ1位」の指名を見れば1位候補の中では人気薄だったことがわかるし、紅林の2位指名も意外な高順位という声が多かった。山下も1位候補の中では知名度が低かった。それらを考え合わせると、GM1～3年目、福良氏の鑑識眼は驚くほど高い。そして、紅林が盤石のレギュラーに定着している23年、高校生ナンバーワン遊撃手と言われる横山聖哉（上田西高・内野手）を単独1位で指名している。

日本ハムのドラフトが優れていたのは、主力選手がFA権を行使して他球団に移籍するのを見越して数年前から準備する危機管理能力の高さにあった。11年1位の菅野智之（入団拒否）はダルビッシュの流出に備え、12年1位の大谷翔平は中田翔の流出に備え（ダルビッシュ有の後継者という面も）、17年1位の清宮幸太郎は大谷翔平の備え……等々。

最近のオリックスのドラフトもFAやポスティングシステムを活用してチームを離れる選手を想定して指名している。20年1位の山下舜平大は山本由伸の備え、22年2位の内藤鵬《ほう》は吉田正尚の備え、23年1位の横山聖哉は紅林弘太郎の備え（宗佑磨がFAでチームを離れたら紅林が三塁へコンバートされ、空いた遊撃に横山が入るというプラン）。こういう指名は非常に面白い。

FA権を取得した選手の動向にも熱心で22年オフの森友哉（西武・捕手）に続いて、23年オフは西川龍馬（広島・外野手）を獲得した。

西川にはソフトバンクも積極的にオファーをかけていたが、オリックスの地に足がついた強さに惹かれたのだろう。また記者会見の場で「パ・リーグでやってみたかった」と発言したのにも驚かされた。かつてはパ・リーグの選手が「最後は、観客がいっぱい入った球場でやりたかった」がお決まりの発言だったが、ついにこんな発言がされるようになったのかと感慨深い。時代が変わった。

スタメン分析

次代のレギュラー候補がきれいに揃っている

FA権を取得した森友哉を22年オフに、そして23年オフに西川龍馬を獲得した。のべつ幕なし、無節操に他球団の主力打者を獲りまくればとりあえず穴は埋まるが、そうやっても強くならないことは90年代の巨人が証明している。一言で言えば抑制のきいたFA補強だ。

今のオリックス野手陣はレギュラーと控えの差も小さい。捕手の森と若月健矢は起用法が難しい。守り優先ならゴールデン・グラブ賞の若月だし、ベストナインに選出された森の強打も捨て難い。東晃平《あずま》、山下舜平大が先発なら若月を起用し、森はライトを守るか指名打者に入り、宮城、田嶋大樹《だいき》が先発なら森がマスクを被るというのが昨年の起用法。常識的には首位打者の経験もある森の定着が有力だが、東、山下、曽谷龍平などの若手が多い陣容を見ると、ディフェンス面に信頼がある若月の存在も軽視できない。

一塁は頓宮裕真《とんぐうゆうま》とセデーニョ、遊撃は紅林と野口智哉、遊撃以外なら昨年すべて守っている廣岡大志《ひろおかたいし》はヤクルト、巨人を経て、ようやくバッティングが落ち着いてきた。宜保翔《ぎぼしょう》、太田椋《りょう》の若手が狙うのはゴンザレスが守る二塁のレギュラー。日本人の若手が定着すれば将来的な基盤はますます強くなるだろう。

外野陣も杉本裕太郎、中川圭太、西川のレギュラー候補に、茶野《ちゃの》篤政《とくまさ》、福田周平、新外国人のトーマスが迫っていて緊張感が漂っている。

このメンバーで打順が組めるのだから中嶋聡監督は楽しいだろう。2番打者は一塁走者の動きを捕手から見えにくくさせる左打者が最適。ならば左右のジグザグ打線にするため1番は右打者。昨年もよく見られた1番中川、2番宗が脚力もあり理想的だ。

クリーンアップは日本人の紅林と昨年の首位打者・頓宮にトーマスあるいはセデーニョを絡ませたい。紅林は昨年の9、10月に打率・312を残し、打撃開花を目前にしている。守備も、三遊間の深い位置から打者走者を殺す強肩は日本人離れしており、187センチの長身もショートでは珍しい。193センチの長身で2632試合連続出場のメジャー記録を保持するカル・リプケン・ジュニアを目標にして3、4番に定着してもらいたい。

この紅林は24年に22歳になる若手だが、チーム内には将来が嘱望されている有望株が多い。若手のラインを25歳で引くと、各ポジシ

スタメン候補

	［スタメン］	［控え］
捕	＊森　友哉	若月　健矢
		石川　亮
一	頓宮　裕真	セデーニョ
二	＋ゴンザレス	＊宜保　翔
		太田　椋
三	＊宗　佑磨	＊西野　真弘
遊	紅林弘太郎	＊野口　智哉
		安達　了一
左	杉本裕太郎	＊茶野　篤政
中	中川　圭太	＊福田　周平
右	＊西川　龍馬	廣岡　大志
D	＊トーマス	

＊は左打ち、＋は両打ち

ヨンに次のような選手が顔を並べる。

捕手　堀　柊那《しゅうな》19歳（報徳学園高↓23年4位）
一塁手　太田　椋23歳（天理高↓18年1位）
二塁手　宜保　翔24歳（未来沖縄高↓18年5位）
三塁手　紅林弘太郎22歳（駿河総合高↓19年2位）
遊撃手　横山聖哉19歳（上田西高↓23年1位）
左翼手　池田陵真21歳（大阪桐蔭高↓21年5位）
中堅手　茶野篤政25歳（四国アイランドリーグ／徳島↓22年育成4位）
右翼手　野口智哉25歳（関西大↓21年2位）
指名打者　内藤　鵬20歳（日本航空石川高↓22年2位）

他にも元謙太《げんけんだい》22歳（中京高↓20年2位）、来田《きた》涼斗《りょうと》22歳（明石商高↓20年3位）、杉澤龍24歳（東北福祉大↓22年4位）、渡部遼人《わたなべはると》25歳（慶應大↓21年4位）など、期待される若手が揃っているのが他球団と異なるところだ。

ドラフトの順位を見ると、太田、横山がドラフト1位で、紅林、野口、内藤、元が2位。上位は投手ばかりという球団が多い中、野手を上位指名して将来に備えるオリックスが強いのは当たり前のような気がする。

ピッチングスタッフ分析

31勝分の投手が抜けても揺るぎのない陣容

絶対エースの山本由伸（ドジャース）、ローテーション左腕の山﨑福也《さちや》（日本ハム）、さらにワゲスパックが球団を離れ、31勝分が失われたオリックスは大丈夫なのだろうか、という声があってもおかしくないが、あまり聞かれない。ちゃんと後継者がいるし、準備をしてきた。そういうことをスポーツマスコミもファンもよく知っている。

投手陣は山本由伸と山﨑福也が移籍しても悪影響があまり感じられないのは、福良GM以下スカウトを含む編成の人たちの先見の明のおかげである。それでも力のある左右の本格派がいなくなったので、近い未来ではなく遠い未来を見据えて右と左の本格派、2位河《かわ》内《ち》康介《こうすけ》、3位東松快征《とうまつかいせい》を指名した。彼らがどのように成長していくのかはわからないが、思想は理解できる。理想的な投球フォームを高校生の段階で身につけている選手を指名して、食事とトレーニングでプロの体を作り、3年くらいをめどに一軍の戦力に仕上げる。山本由も山下舜もそうして出来上がった。

24年のエースは山下舜だろう。打者を圧倒するストレートの角度は現在のプロ野球の中でも佐々木朗希（ロッテ）と双璧である。昨年はプロ3年目で9勝3敗、与四球30（与四球

ピッチングスタッフ			
［先発］	［中継ぎ］	［抑え］	［その他］
山下舜平大	山﨑颯一郎	平野　佳寿	本田　仁海
＊宮城　大弥	宇田川優希		＊曽谷　龍平
＊田嶋　大樹	マチャド		＊山田　修義
東　晃平	才木　海翔		椋木　蓮
山岡　泰輔	阿部　翔太		齋藤　響介
エスピノーザ	小木田敦也		比嘉　幹貴
			カスティーヨ

＊は左投げ

率2・84）、奪三振101（奪三振率9・57）、防御率1・61の好成績で新人王に輝いた。

外国人は今の時期、編集された映像でしか見られないので実力はわからないが、動画を見て感じるのは、球団フロントは日本人投手と同じ物差しで外国人投手を評価しているのでは、ということ。つまり、今年の新外国人エスピノーザ、マチャド両投手は投球フォームがいい。

エスピノーザは、ヒジを体の近くで内回旋してテークバックまで上げ、無理のない腕のしなりでボールをリリースする。マチャドはエスピノーザにくらべると腕が横手から出るスリークォーターだが、テークバックで力強く胸を張り、背筋の強さでボールをリリースしていく感じ。上半身の反動で無茶振りして160キロのストレートを投げるといった感じではない。体幹や下半身の強さでピッチングしている。

スカウティングは楽だと思う。こういうフォームで投げている選手なら、うちのファームで2年指導したら、見事な本格派に仕上げられる。そういう認識が徹底されているように見え、外国人のスカウティングにも同じ価値観を感じる。

ＦＡ権を取得した西川龍馬を獲得し、その人的補償で日髙暖己《あつみ》（富島高→22年5位）が広島に移籍したが、プロ１年生でファームでは12試合の実績、それも１勝１敗、防御率３・15にすぎない選手をなぜ広島は求めたのだろう。

23年のシーズン終了後に宮崎で開催されたフェニックスリーグ、さらに台湾で開催されたウインターリーグで日髙は非凡な素質の一端を見せている。その１年前の22年夏の甲子園大会でも宮崎県立富島高３年の日髙は初戦に下関国際高に敗れてはいるが目立っている。ストレートの最速は１４４キロでも、山下舜平大や東晃平を彷彿とさせる無理のない投球フォームで右打者の内角いっぱいに１４１キロのストレートを投げることができたし、縦変化のカーブ、スライダーのキレもいい。

オリックスの編成は一軍の実績がゼロのプロ2年生、それもドラフト5位で入団したピッチャーを取られるとは思わなかったのだろう。日髙と同じ22年のドラフト組、それも育成ドラフト2位で入団し、この原稿を書いている24年1月15日現在でも育成選手の身分の才木海翔《かいと》は23年オフのアジアウインターリーグで注目を集めたが、もし支配下登録されていたら今頃は広島の選手になっていたかもしれない。

ドラフト分析

上位4人は高校球界を代表する投手と野手

1位横山聖哉（上田西高・内野手）の一番の長所は遊撃手としての守りだ。日本の三塁手やショートは打球を捕球してから投げるまでの間、ステップすることが多い。二塁手なら捕球してすぐ投げるが三塁手やショートは一塁までの距離が長いので、日本人の場合は肩の強さに自信がないのかステップを多く踏む。

ソフトバンクの黄金時代、10〜20年の間、三塁を待った松田宣浩は守備のよさで知られたが（ゴールデン・グラブ賞8回）、捕球してから投げるまで5歩くらいステップして投げていた。松田氏の名誉のために言っておくが、彼は強肩である。ただ、長嶋茂雄氏がそうであったように、自分のプレーに酔うところがあった。三塁線の強打を身を挺して捕球したあとのように、すぐ投げればいいものを、格好をつけて5歩くらいステップして投げたがる。長嶋氏と松田氏は特別だが、日本球界の三遊間にはそういうタイプが多い。ところが、横山はそういう格好つけをしない。捕ってから2ステップで投げることが多いのだ。

また、打球を追うときのステップもよく考えられている。最初は広いストライドでボールを追い、近くまできたら小さく小刻みなステップに変え、打球の変化に備える。プロの選手でも難しいのに、横山はこの動きを守備練習から率先して行っている。

投打二刀流としても注目され、ドラフト翌日の日刊スポーツ紙によると、50メートル走6秒3、遠投120メートルとある。こういう数字は自己申告制なので信憑性はないが、投手としてのストレートの最速149キロとショートからの強肩を見れば、信じてもいい。

バッティングは守備面ほど際立っていないが、高校通算ホームランは30本。ボールを捉えにいくときの前足のステップはボールを投げるときのステップのように慎重ではなく、比較的あっさりと出す。23年夏の甲子園大会では開幕試合の土浦日大高戦で1本ヒットを放っている。

2位　河内《かわち》康介（聖カタリナ学園高・投手）もオリックス好みのピッチャーだ。広島に移籍した日高や育成出身で無傷の7連勝で話題になった東晃平に共通する、ヒジを柔らかく上げ、前肩の早い開きがなく、下半身主導で打者に向かっていく投球フォームを高校生にしてすでにものにしている。
ストレートは23年夏の愛媛大会で150キロを計測している。変化球はカーブとスライダーがあるが、夏の大会後にフォークボールの精度に磨きをかけ、プロ入りに備えていたという。180キロ、72キロの体格が不安材料だが、ウエートトレーニングの痕跡が見えない中で150キロを超えたというのは素質のよさか。

3位東松快征（享栄高・投手）は22年7月17日、愛知大会3回戦の春日井工高戦で初めて見た。動画で見たイヒネ・イツア（ソフトバンク）のプレーをこの目で観たいと思い、岡崎市民球場まで足を延ばしたのだが、そのあとの試合に登板したのが東松だった。

先発して3回まで投げ、10アウト中7アウトがストレートを空振りしての三振だった。いいのはストレートだけで変化球は物足りない、と言われていたが、カットボールっぽい球と縦変化のスライダーはキレがよく、ストレートだけの単調な本格派というわけではない。

ストレートの最速152キロは速いだけではない。ストレートの回転数は一流の目安、2500rpmを超えているという。代表メンバーからは漏れたが23年4月にはU－18の候補に入り、強化合宿にも参加している。

4位堀柊那（報徳学園高・捕手）は二塁送球タイム1・8秒台を計測する高校球界を代表する強肩である。23年センバツ大会では初戦で対戦した機動力が持ち味の健大高崎高に1つも盗塁を企図させなかった。

準々決勝では前年夏の王者、仙台育英高に5対4でサヨナラ勝ちを収め、許した盗塁は延長10回表の1個だけ。対する報徳学園高は4つの盗塁を決めている。準決勝の大阪桐蔭高戦では5対5の同点で迎えた8回表、1死一塁の場面で仕掛けてきた二盗企図を完璧な二塁送球で殺し、このときの二塁送球タイムが2・02秒だった。実戦では十分、強肩と形容していいタイムである。

準優勝した23年センバツ大会ではバッティングもよかった。決勝までの5試合すべてでヒットを放ち、打率4割、打点2を記録している。

5位高島泰都《たいと》（王子・投手）は明治大の準硬式から社会人の王子に入社した変わり種だ。社会人野球で挫折を味わってもおかしくないが、王子1年目は秋の日本選手権の1回戦、航空自衛隊千歳戦に先発して8回投げ被安打1、奪三振10、失点1という内容でチームを勝利に導いている。

4日後のNTT東日本戦でも先発して5回投げ、3失点して負け投手になっているが、ストレートは最速150キロを計測し、スライダー、チェンジアップのキレもいい。

6位古田島《こたじま》成龍《せいりゅう》（日本通運・投手）は中央学院大時代からドラフト候補と囁かれていた本格派だ。ストレートの最速は152キロで、大学時代より圧力を増している。背筋の強さを生かし、真上から腕を振ってキャッチャーミットに押し込むような投球フォームはWBC代表メンバーにも選出された宇田川優希を思わせる。外国人が期待外れだったら、リリーフとして早い起用があるかもしれない。変化球はスライダー、カットボール、チェンジアップ、カーブがあるが、配球の中心はストレート。

7位権田《ごんだ》琉成《りゅうせい》（ＴＤＫ・投手）もストレートの最速が１５２キロを計測する本格派だ。持ち球はスライダー、カーブ、カットボール、フォークボールがあり、23年３月に行われたスポニチ大会では高島を擁する王子と対戦、７回から２イニング投げ、２安打、無失点に抑えた。

国際大会にも選出されている。22年に台湾で行われたＷＢＳＣ Ｕ－23野球ワールドカップに富田蓮（阪神）、澤柳亮太郎（ロキテクノ富山→ソフトバンク５位）とともに出場、９戦中７戦に登板、０勝０敗４セーブ、防御率１・29でＭＶＰに選出されている。オリックスでも役割は中継ぎが有力。

千葉ロッテマリーンズ

佐々木朗希

今年こそ佐々木朗希の「出力全開」が見たい

年	シーズン順位	交流戦順位	観客動員数
2019	4位	9位	166万5891人(12位)
2020	2位	—	38万9995人(6位)
2021	2位	8位	63万3453人(6位)
2022	5位	3位	146万8622人(8位)
2023	2位	8位	180万3994人(10位)

★(　)は12球団中の順位

選手の年齢構成（ロッテ）

年齢	投手	捕手	一塁手	二塁手	三塁手	遊撃手	外野手
19	木村優人 早坂響	寺地隆成				金田優太	
20	田中晴也						
21	秋山正雲	松川虎生					
22	中森俊介						山本大斗
23	佐々木朗希 横山陸人				上田希由翔		
24	菊地吏玖 大谷輝龍		山口航輝			友杉篤輝	藤原恭大
25	森遼大朗			池田来翔	安田尚憲		和田康士朗
26	種市篤暉 鈴木昭汰 高野脩汰	佐藤都志也			茶谷健太	小川龍成	
27	廣畑敦也 八木彬 本前郁也 フェルナンデス	植田将太			大下誠一郎	平沢大河	髙部瑛斗 愛斗
28	岩下大輝 東妻勇輔 小島和哉 中村稔弥 小野郁						
29	二木康太						
30	メルセデス 坂本光士郎	田村龍弘					
31		柿沼友哉		藤岡裕大			
32				中村奨吾			
33	東條大樹 西野勇士 国吉佑樹 コルデロ						岡大海 ポランコ
34	ダイクストラ						
35〜	美馬学 澤村拓一 唐川侑己 益田直也		井上晴哉 ソト				角中勝也 荻野貴司

［註］ポジションは23年の一、二軍の守備成績を参考

佐々木朗希のメジャー挑戦問題と「野茂基準」

毎年本書シリーズを書いていて、楽しい球団と苦しい球団がある。今年版なら、昨年優勝した阪神とオリックスは書いていて楽しい球団で、DeNA、中日、楽天、ソフトバンクは苦しい球団だ。悪口は書いていて楽しくないし、褒めることは楽しい。これから書くロッテはどうだろう。昨年までは楽しい球団だったが、今年のロッテは息苦しい。それは期待されている若手野手が伸び悩んでいるからだ。まず、過去3年のチーム打撃成績を見ていこう（○内数字はリーグ順位）。

21年　打率・239⑤　本塁打126③　得点584①　盗塁107①
22年　打率・231⑤　本塁打97⑤　得点501③　盗塁132①
23年　打率・239④　本塁打100④　得点505④　盗塁73④

3年前の21年、ロッテの得点がリーグナンバーワンだったことを忘れている。貧打のイメージがついて回っているので、もの凄く意外に感じる。同年の本塁打リーグ3位も忘れている。シーズン2ケタ本塁打数の先入観がしがみついて離れない。

21年はレアード29本、マーティン27本の他に2ケタ打っているのは荻野貴司の10本だけなので、ロッテは外国人が打たないとチーム全体が奮い立たない、ということになる。昨年もポランコが26本打って、チーム本塁打は１００本に届いた。この「外国人依存」の体質が鼻について、書いていても楽しくならないのだ。

投手陣では昨年オフから続いている佐々木朗希のポスティングシステムを活用したメジャー挑戦騒動が沈静しない（24年1月26日に契約合意）。まず、日本で実績を積んで海を渡った投手たちの渡米前の通算成績を紹介しよう。

◇78勝以上

野茂英雄（近鉄→95年ドジャース）78勝46敗、石井一久（ヤクルト→02年ドジャース）78勝46敗、斎藤隆（横浜→06年ドジャース）87勝80敗、松坂大輔（西武→07年レッドソックス）１０８勝60敗、井川慶（阪神→07年ヤンキース）93勝72敗、桑田真澄（巨人→07年パイレーツ）１７３勝１４１敗、黒田博樹（広島→08年ドジャース）１０３勝89敗、上原浩治（巨人→09年オリオールズ）１１２勝62敗、川上憲伸（中日→09年ブレーブス）１１２勝72敗、高橋尚成（巨人→10年メッツ）79勝73敗、ダルビッシュ有（日本ハム→12年レンジャーズ）93勝38敗、岩隈久志（楽天→12年マリナーズ）１０７勝69敗、田中将大（楽天→14年ヤンキース）99勝35敗、和田毅（ソフトバンク→14年カブス）１０７勝61敗、前田健太（広島→16年ドジャース）97勝67敗

以上は日本のプロ野球で78勝以上記録してメジャーリーグに挑戦した日本人選手15人で

ある（メジャー1年の千賀滉大は除く）。メジャーリーグでの成功基準を「50勝（1セーブ、1ホールドは0・5勝に換算）、300試合登板のいずれかをクリア」に置くと、この中で成功したのは9人、成功率は6割に達する。ちなみに、78勝を成功ラインにしたのは日本人メジャーリーガーのパイオニア、野茂英雄氏に敬意を表したからである。

対照的に78勝未満でメジャーに挑戦して成功したのは長谷川滋利、大家友和の2人だけ。菊池雄星は成功途上にあるが、藤浪晋太郎、有原航平、伊良部秀輝、山口俊などは成功ラインに達していない。佐々木朗希が24年オフにメジャーに移籍するということは、失敗ラインに自ら乗るということである。大谷翔平の日本ハム時代の成績は42勝15敗で成功ラインに乗っていないが、打撃成績の296安打を合計すれば球団には十分貢献している。対する佐々木のロッテでの通算成績は19勝10敗、24年に15勝しても34勝である。パ・リーグ6球団の中で最も古い歴史を持ち、不人気球団の代表のように言われながら、球団を維持してくれたロッテに私は深い愛着がある。佐々木のメジャー挑戦直訴は、そういうロッテに対する侮辱行為である。せめてロッテに十分な譲渡金が入る26年オフ（佐々木が25歳になっている）まで待つべきだと思う。

メジャーのマウンドに立ち、ムーキー・ベッツ、ポール・ゴールドシュミット、マイク・トラウトたち名だたる強打者たちを翻弄する姿を私だって見たい。

スタメン分析

ドラフト1位、上田希由翔は三塁の即戦力

不満なのは佐々木に対してだけではない。安田尚憲《ひさのり》（17年1位）、藤原恭大《きょうた》（18年1位）、山口航輝（18年4位）は期待が大きかっただけに失望感も大きい。3人の通算成績は以下の通り。

安田尚憲　打率・238　安打381　本塁打33　打点206
藤原恭大　打率・227　安打176　本塁打12　打点60
山口航輝　打率・230　安打217　本塁打39　打点134

この3人をレギュラーとして想定しないと今季の布陣を予想するのは難しいが、挑戦してみよう。まず在籍している中で、安田に代わる候補は、昨年ファームで三塁を22試合守った池田来翔《らいと》（国士舘大→21年2位）。一軍では三塁（7試合）、一塁（22試合）、二塁（5試合）を守っているが、打撃成績は打率・269、安打28、本塁打2、打点8と相当物足りない。

昨秋のドラフトで1位指名された上田希由翔《きゆうと》（明治大・三塁手）も有力な候補だ。反動を抑えた小さな動きで広角に打ち分けるバッティングに特徴がある。東京六大学リーグでの通算成績は打率・312、安打96、本塁打10、さらに打点は歴代3位の74とクラッチヒッ

スタメン候補

	[スタメン]	[控え]
捕	＊佐藤都志也	松川　虎生
		田村　龍弘
一	ソト	井上　晴哉
二	中村　奨吾	池田　来翔
三	＊安田　尚憲	＊上田希由翔
遊	友杉　篤輝	茶谷　健太
		＊藤岡　裕大
左	山口　航輝	石川　慎吾
中	＊藤原　恭大	＊和田康士朗
右	荻野　貴司	＊角中　勝也
D	＊ポランコ	愛斗

＊は左打ち

ターぶりを発揮している。即戦力と言っていい。

外野の2枠はまず俊足の和田康士《こうし》朗《ろう》。打てる人だが、求められているのは守備と走塁だけ、と自身で思い込んでいる節がある。それでも、昨年はキャリアハイの打率・265、安打26を記録し、ようやくレギュラー奪取の欲が見えてきた。走塁と守備は球界トップクラスだ。

もう1枠は現役ドラフトで移籍してきた愛斗。「現役ドラフト」と聞いて耳を疑ったのは過去3年、安打数が64→89→55と推移しているからだ。昨年、現役ドラフトをきっかけにブレークした細川成也《せいや》（中日）のDeNAでのラスト3年の安打数は12→6→1だった。出場数の少ない選手にチャンスを与えるのが現役ドラフトの目的だから、愛斗に現役ドラフトは必要なかった。打つだけでなく守りも走塁も一軍クラスである。

ショートは相変わらず「帯に短し、襷《たすき》に長し」状態で定まらない。レギュラークラスの藤岡裕大《ゆうだい》の二塁コンバートを吉井理人《まさと》監督が表明したが、後継候補が友杉篤輝《あつき》、茶谷《ちゃたに》健太と言われてもピンとこない。紅林弘太郎というリーグを代表する遊撃手がいながらドラフトで高校生ナンバーワンショートの横山聖哉を指名したオリックスにくらべると、危機管理能力のなさが思い知らされる。

ここまで安田、藤原、山口が機能しなかった場合を考えてきたが、その場合は得点力不足に拍車がかかる気がする。そうなると今年も外国人頼みになるのだが、ＤｅＮＡを自由契約になったソトは過去３年間、ヒットが１００本を割っているし、今季35歳で上がり目を期待するのが難しい。

ポランコは22年は巨人で打率・２４０、本塁打24、打点58。これは外国人野手の打撃成績が全体的に停滞している中ではいいほうだが、巨人は自由契約にした。ロッテ移籍１年目も打率・２４２、本塁打26、打点75を記録し、本塁打王に輝いている。

捕手は佐藤都志也《としや》、松川虎生《こお》、田村龍弘の３人態勢は今年も変わらない。将来性なら21歳の松川、打撃優先なら佐藤、安定感なら田村が有力だが、これだけ得点力不足が続くと、佐藤の起用をお願いしたい。

22年に高校卒新人の松川が76試合に出場、32安打を記録してこれで正位置は確定したと思ったが、翌23年は９試合出場に激減。22年に奮起したのが佐藤で77安打、８本塁打を放ったが翌23年に打てなくなる。野球は難しい。

ピッチングスタッフ分析

チームを救うか、菊池吏玖のリリーフ転向

佐々木の24年オフメジャー挑戦は次代のエースを準備する気力を挫く。ここでもオリックスを例に出すが、山本由伸の24年メジャー挑戦を見越して、山下舜平大を20年のドラフトでは外れ1位で指名している。佐々木は19年の1位選手で、入団の際には「いつでもメジャーに移籍できるというサイドレター（覚え書き）がある」と噂されているので（『週刊文春1月4・11日新年特大号』より）、それが事実なら20年以降のドラフトで〝ポスト佐々木朗希〟を託せる、将来のエース候補を指名しておくべきだった。

私の考える佐々木朗希2世は、山下舜平大、髙橋宏斗（20年中日1位）、風間球打《きゅうた》（21年ソフトバンク1位）、小園健太（21年ＤｅＮＡ1位）、斉藤優汰（22年広島1位）、常廣羽也斗《つねひろはやと》（23年広島1位）たちである。

今季、ローテーションの軸になるのは佐々木だ。大船渡高3年夏の岩手大会決勝の花巻東高戦に登板しなかったことで当時の監督の采配に批判が集まったが、プロ入り1年目に一軍に帯同しながら二軍の試合にも登板しなかったことが一部で批判され、デビュー2年目（プロ3年目）の4月10日のオリックス戦でプロ野球記録の19奪三振と完全試合を達成、

ピッチングスタッフ			
[先発]	[中継ぎ]	[抑え]	[その他]
佐々木朗希	コルデロ	益田　直也	美馬　　学
種市　篤暉	大谷　輝龍		澤村　拓一
*小島　和哉	*坂本光士郎		*鈴木　昭汰
西野　勇士	中森　俊介		ダイクストラ
フェルナンデス	西村　天裕		菊地　吏玖
岩下　大輝	横山　陸人		森　遼大朗
			*メルセデス

*は左投げ

さらに同月17日の日本ハム戦でも8回まで完全試合ペースでマウンドを降り、一部で「大事にしすぎ」と井口資仁監督の采配に批判が向いた。

19～23年まで佐々木の肩とヒジはいろいろな指導者によって守られてきたわけだが、24年は「出力全開」の解禁を期待したい。それが育ててくれたロッテに対するせめてもの恩返しである。

佐々木に次ぐローテーション候補は昨年2ケタ勝った種市篤暉と小島和哉だ。種市は20年9月に執刀されたトミー・ジョン手術以降、22年に二軍で16試合、一軍で1試合投げているが1シーズン通して一軍で投げたのは昨年が初めて。136・2回投げて10勝7敗、防御率3・42は十分評価できる。150キロを超えるストレートに140キロ前後のフォークボールを持ち味にし、1イニングで最も多く投げた試合は7月9、17日の123球。佐々木同様、今季はフル回転してくれそうだ。

昨年完投したのは西野勇士《ゆうじ》の1回だけなので、チームの命運を握るのはリリーフ陣の働きである。昨年のチーム成績のセーブ45（リーグ2位）、ホールド134（同1位）を見てもリーグ屈指のリリーフ陣だとわかる。ただし、防御率は守護神、益田直也の3・71、セットアッパーの坂本光士郎3・21、澤村拓一《ひろかず》4・91、横山陸人《りくと》5・26を見ても、盤石とは言えず、将来に対する備えが必要ということはわかる。

本書シリーズでほとんど紹介したことがないのが22年1位の菊地吏玖だ。1月早々のスポーツ紙には「先発から救援に転向する」とあった。専修大時代から100パーセントの力でバッターを圧倒する本格派ではなく、ペース配分をしながら9回を投げる先発・完投型である。物足りないのは、そういうタイプにありがちな力の出し惜しみが見られること。

リリーフは基本的に1イニングを100パーセントの腕の振りで投げるポジションなので、菊地のような投手はピッチングが生まれ変わる可能性がある。現役なら田口麗斗（ヤクルト）が先発とリリーフではピッチングの内容がまったく正反対。

先発に戻す前提のリリーフ転向なのか、リリーフ投手不足を補うための本格的な転向なのかわからないが、1年間存在感を消していた菊池を復活させるための妙手だと思う。この菊地と入れ替わるようにリリーフから先発へ転向されるのが東條大樹《たいき》と唐川侑己《ゆうき》である。唐川は17年まで先発ローテーションの一角を占めていたので、戦列復帰と言っていい。

ドラフト分析

独立リーグのスピード王は富山のオオタニ

1位上田希由翔は「スタメン分析」でも触れたように、勝負強さに持ち味がある中距離打者である。三塁手だが、私が見た2年生だった21年春の立教大1回戦は4番・左翼手でスタメン出場し、二塁ゴロのときの一塁到達タイムが4・10秒と速く、同年秋の慶應大1回戦では4番・一塁手でスタメン出場して遊撃ゴロのときの一塁到達タイムは4・20秒、同じく東京大1回戦では4打数1安打、ライト前ヒットのときの一塁到達タイムは4・22秒だった。

22年春の早稲田大1回戦は2番・二塁手でスタメン出場し、遊撃ゴロ、二塁ゴロのときの一塁到達タイムが4・15秒と4・06秒。ちなみに、この試合には22年の西武1位、早大の4番蛭間拓哉と、24年のドラフト1位候補、明大の宗山塁も出場していたが、2人のバッティングにくらべて23年1位の上田は目立たなかった。

このときの上田は、トップの姿勢を作る際にバットを後ろから前に煽る動きがあり、これが速い球に差し込まれる原因になっていた。一言で言えば無駄な動きが多かった。それが4年時にはバットの前後の動きも上下動もなくなり、下半身の始動もステップも小さく慎重になっていた。

これらの試合を見て思ったのは、上田は足が速く、いろいろなポジションを守れること。チームの泣きどころであるショートを守ることができるかどうかはわからないが、試してみる価値はある。

バッティングはスタメン分析でも長所を紹介しているが、2、3年の頃は動きが大きく、シュアな動きを邪魔していた。1年間の成長は自らのバッティングを客観視できる能力の証明で、今後の成長にもつながっていきそうである。

ちなみに、明治大の選手がドラフトで指名されたのは今回の上田で14年連続だと、スポーツ紙に紹介されている。島内宏明（楽天）、岡大海《ひろみ》（日本ハム↓ロッテ）、坂本誠志郎（阪神）、佐野恵太（DeNA）など野手が多いのが名門大学らしい。

阪神の湯浅京己《あつき》と同じ日本海リーグ・富山GRNサンダーバーズから**2位**指名されたのが**大谷輝龍《ひかる》**（投手）だ。「富山のオオタニ」の異名通り、最速159キロのストレートで、ドラフト前から注目を集める存在だった。大谷が最も脚光を浴びたのは23年秋、愛媛県松山市の坊っちゃんスタジアムで行われた〝独立リーグ日本一決定戦〟グランドチャンピオンシップ準々決勝。なぜ、最も脚光を浴びたかというと、対戦した徳島インディゴソックスにもNPBのスカウトが注目する椎葉《しいば》剛《つよし》がいたからだ。この試合では2人ともストレートが最速159キロを計測し、椎葉は阪神のドラフト2位、大谷はロッテのドラフト2位を勝ち取った。

ごつごつした剛球タイプの椎葉に対し、大谷は柔らかい腕の振りでヒジを上げ、しなやかに腕を振って投げる快速球タイプ。高めに抜けるような球質に特徴がありホームランを量産される恐れがあるのと同時に、空振りを量産するドクターKの誕生も予感させる。

持ち球は、ストレート以外はスライダーとフォークボール。ストレートに一級品のキレがあり、最後まで体が開かない投球フォームも備えているので、打者は緩急の見極めが最後までできない。このストレートさえあれば平凡な変化球でも、変化しただけで魔球に早変わりする。

3位木村優人《ゆうと》（霞ヶ浦高・投手）は昨年秋に台湾で行われたWBSC U-18ベースボールワールドカップ（7イニング制）の日本代表に前田悠伍《ゆうご》（大阪桐蔭高・投手）、山田脩也《しゅうや》（仙台育英高・内野手）らとともに選出され、日本の初優勝に貢献した。

投手としては3試合に登板して1勝0敗、防御率1・50を挙げ、とくにオープニングラウンドのオランダ戦には二番手として登板、5回以降の3イニングをノーヒットに抑え、奪三振6、無失点。2位大谷のように内回旋で腕を振るのではなく、ハの字でバックスイングし、真上から押さえ込む剛腕タイプ。

オープニングラウンドのパナマ戦では1対0でリードした4回表からリリーフに立ち、やはり3回をノーヒット、四死球0に抑え、奪三振5という守護神ぶりを見せた。最速150キロのストレートに、変化球はカーブ、フォークボール、カットボール、ツーシームを備える。高校通算17本塁打の二刀流としても注目されている。

4位早坂響《おと》（幕張総合高・投手）は比較的早い時期から最速150キロを超えるストレートと鋭く横変化するスライダーで知られていた。176センチ、70キロの体格は大型化した現在の高校球界では標準サイズだが、上・下半身のバランスが取れた投球フォームから内外角の揺さぶりで打者を翻弄していく。目標とする投手に「伊藤大海《ひろみ》（日本ハム）」を挙げている。

左打者にはストレート、スライダーで積極的に内角を攻めていくが、右打者にはストレート以外、内角を攻める球種がないので外角主体の配球になり、打者の踏み込みを許してしまっている。今後の課題はスライダーと逆方向のシンカー系のボール、ツーシームやチェンジアップを持ち球に加えること。

もう1つの課題は体重増。伊藤大海は早坂と同じ176センチの上背だが、体重は82キロある。70キロの早坂はウエイトトレーニングとともに食事トレーニングで胸板をもっと厚くしてほしい。

5位寺地《てらち》隆成《りゅうせい》（明徳義塾高・捕手&内野手）は22年夏の甲子園大会に4番・三塁手として出場。2回戦の九州国際大付高戦では第1打席でセンター前に強烈なヒットを放ち、一塁到達は4・35秒という速さ。第3打席のレフト前ヒットでも全力疾走を忘れず4・49秒はゲームへの参加意識の高さを表している。

3位木村優人が出場したWBSC U－18ベースボールワールドカップに寺地も選出され、全試合に1番・一塁でスタメン出場している。9試合中5試合でヒットを放ち、打率・286、打点6を挙げ、日本の初優勝に貢献している。

私が見たのは一塁手と三塁手だが、本職はキャッチャー。契約後には「打てるキャッチャー」を目標に掲げる姿があった。

福岡ソフトバンクホークス

広瀬隆太

新監督は「抜擢しない伝統」を打破することができるか

年	シーズン順位	交流戦順位	観客動員数
2019	2位	1位	265万6182人(3位)
2020	1位	—	53万2723人(2位)
2021	4位	11位	46万2060人(11位)
2022	2位	4位	224万7898人(3位)
2023	3位	2位	253万5061人(3位)

★( )は12球団中の順位

選手の年齢構成（ソフトバンク）

年齢	投手	捕手	一塁手	二塁手	三塁手	遊撃手	外野手
19	前田悠伍	藤田悠太郎					
20	大野稼頭央					イヒネ・イツア	
21	風間球打 木村大成				井上朋也		
22	大山凌	牧原巧汰				川原田純平	笹川吉康
23	松本晴 岩井俊介 村田賢一	吉田賢吾		廣瀬隆太			
24	澤柳亮太郎	渡邉陸			野村大樹		生海
25	田浦文丸 スチュワート 尾形崇斗 大津亮介 長谷川威展			三森大貴	リチャード		正木智也
26	津森宥紀						
27	杉山一樹 笠谷俊介 大関友久	谷川原健太 海野隆司				川瀬晃	柳町達
28	松本裕樹 藤井皓哉			周東佑京		野村勇	栗原陵矢
29	板東湧梧 モイネロ オスナ						
30							
31	武田翔太						近藤健介
32	有原航平	甲斐拓也					牧原大成
33	石川柊太	嶺井博希	山川穂高			今宮健太	ウォーカー
34	東浜巨 又吉克樹						
35〜	和田毅		中村晃				柳田悠岐

[註]ポジションは23年の一、二軍の守備成績を参考

ドラフト上位指名が育たない理由に目を向けるべき

20年に日本シリーズを4連覇したとき、孫正義オーナーは65～73年に巨人が成し遂げたV9（日本シリーズ9連覇）を超えると宣言した。19、20年にセ・リーグの覇者、巨人に日本シリーズで2年続けて負けなしの4連勝を飾ったあとだったので、その宣言には信憑性があった。

翌21年に4位に陥落したあと工藤公康監督が辞任し、新監督に二軍監督だった藤本博史氏が就任、22年2位、23年3位とAクラスを保持したものの、4連覇の頃の無敵ぶりは鳴りを潜め、22年オフは80億円の大補強、23年オフはFA権を行使した山川穂高を獲得と、やっていることは札束で選手の頬を叩いて入団を迫る90年代の巨人のようである。

山川は強制性交等の容疑で西武球団から無期限の出場停止処分が下された選手。西武がその山川の人的補償で求めた選手が和田毅だと言われている。和田が23年までソフトバンクで残した成績は158勝87敗（14～15年はカブス）、防御率3・18。

中軸の山川が抜けて、西武にオールスター級の野手は外崎修汰と源田壮亮しかいなくなった。それなら人的補償で狙われるのは野手しかいない、と予想して野手を多めにプロテクトし、超ベテランの和田は外す。このソフトバンクの作戦は当たり前だと思う。しかし、実際に和田は自尊心を傷つけられ、「移籍するなら引退します」と告げ、その強い調子に慌てたソフトバンク側が、それならとプロテクトしていた甲斐野央《ひろし》を差し出すような形で騒ぎを鎮めたなどと伝わっている。

これが山川と甲斐野のトレードだったら、皆さんはどちらが得したと思うだろう。実績のある強打者がいない西武にとって山川の不在は致命的だが、強制性交は現代社会では最も忌避されている罪と言える。ファンだって「気持ちが悪い」と離れていくだろう。ソフトバンクはというと一塁には中村晃がいて、指名打者には髙橋礼と泉圭輔を交換要員にして巨人から獲得したウォーカーもいる。いつも思うが、ソフトバンクは勝ちすぎて臆病になっている。昨年も新外国人野手のガルビス、アストゥディーヨ、ホーキンスがまったく戦力にならず、22年限りで自由契約にしたデスパイネと23年6月に再契約したが（23年オフに退団）、こんなに恥ずかしい外国人の獲得話はそうそうない。

西武はファンの支持を失った山川を放出して、昨年セットアッパーとして46試合に登板し、3勝1敗2セーブ11ホールドポイント、防御率2・53を挙げた甲斐野央を獲得できたのだから、万々歳だろう。逆にソフトバンクは山川をＤＨで起用して、髙橋礼と泉圭輔を放出してまで獲得したウォーカーをベンチに置いたままにするのだろうか。

このオフにはかつてのドラフト上位指名選手が多く退団している。森唯斗（13年2位）、高橋純平（15年1位）、高橋礼（17年2位）、甲斐野央（18年1位）、佐藤直樹（19年1位）、昨年もFA移籍した近藤健介の人的補償で田中正義（16年1位）が日本ハムに移籍している。試行錯誤しながらドラフト戦略を展開してきたソフトバンク編成陣が、ドラフトに対して何か決着をつけた、という意思表示なのだろうか。

これからは知恵と工夫ではなく、お金だけ使って選手を補強します、とか。そうなると筑後に作ったファーム用の2つの球場やトレーニング施設は無駄な出費だったのかもしれない。

これまでの指名を振り返ると、ドラフト1位で成功ラインに達しているのは12年の東浜巨まで遡らなければならない。こんな球団は他にない。まだ答えの出ていない、井上朋也（20年）、風間球打《きゅうた》（21年）、イヒネ・イツア（22年）、前田悠伍《ゆうご》（23年）には、せめてチャンスだけは与えてほしい。

今のホークスは、一軍の力があるのかないのかわからない若手は抜擢しないと決めているように見える。結婚したい女性がいるけど、幸せにしてやれる経済的基盤ができるまでは結婚しない、という考えなのだろうか。一緒に苦労してください、という話にはならないのだろうか。小久保裕紀新監督は勇気を持って采配してほしい。

スタメン分析

ファームの王様はどうして一軍に定着できない

今年の陣容とかでなく、ソフトバンクの25歳までの若手でチームを作ったらどんな顔ぶれになるのだろうか。捕手＝渡邉陸（18年育成1位・神村学園高）、一塁手＝廣瀬隆太（23年3位・慶應大）、二塁手＝三森大貴（16年4位・青森山田高）、三塁手＝井上朋也（20年1位・花咲徳栄高）、遊撃手＝イヒネ・イツア（22年1位・誉高）、左翼手＝正木智也（21年2位・慶應大）、中堅手＝笹川吉康（20年2位・横浜商高）、右翼手＝生海《いくみ》（22年3位・東北福祉大）、指名打者＝リチャード（17年育成3位・沖縄尚学高）

魅力のある選手が並んだが、私が選んだ今年のレギュラー候補はこの中にいない。若さに魅力はあっても、一軍での実績が少ないので、小久保新監督は抜擢に勇気がいるだろう。歴代監督の抜擢しない習慣が積もり積もって、筑後のファーム施設には素質が高く評価された未完の大器が塩漬けされたままになっている。

レギュラー陣の血の入れ替えは考えていないのだろうか。たとえば中村晃は過去5年間、100安打に届かなかったシーズンが3回ある。将来の幹部候補生で、黄金時代の主力でもある中村をレギュラーから外すのはつらいと思うが、正木智也、廣瀬隆太、井上朋也たち若手が飛び出すためには小久保新監督が考えなくてはならない問題だ。

今宮健太、周東佑京、さらに獲得したばかりの山川だって次代の若手を優先して控えに回してもいい。そうしないと、ソフトバンクは現在の「普通に強い」状況から抜け出せないと思う。最後に今年もリチャードをレギュラー候補に推したい。

リチャードは今季25歳なので〝若手〟と呼ぶのはこれが最後になるが、22年に続いて23年もファームの成績が尋常ではないのだ。注目したのが長打率。
22、23年のファームで数人しか達成していない長打率5割超え（200打数以上）を、リチャードは2年続けて実現している。歴代、同記録を達成しているのはイチロー（オリックス）、中田翔（日本ハム）、柳田悠岐（ソフトバンク）たち数人しかいない。彼らはファームで傑出した成績を挙げた翌年に一軍定着、のちに主力としてチームに貢献している。
予想スタメンには中村晃を入れているが、将来を睨めば、ここにリチャードが入ったほうが健全だと思う。

スタメン候補

	[スタメン]	[控え]
捕	甲斐　拓也	嶺井　博希
		＊渡邉　陸
一	＊中村　晃	井上　朋也
二	＊周東　佑京	＊三森　大貴
三	＊栗原　陵矢	リチャード
		廣瀬　隆太
遊	今宮　健太	＊牧原　大成
		野村　勇
左	＊近藤　健介	正木　智也
中	＊柳田　悠岐	＊柳町　達
右	ウォーカー	＊谷川原健太
D	山川　穂高	

＊は左打ち

◇タイトル経験者の二軍での傑出した成績とリチャードとの比較

イチロー　1993年　打率・371　安打69　本塁打8　打点23　長打率・640
出塁率・466

中田　翔　2009年　打率・326　安打105　本塁打30　打点95　長打率・674
出塁率・367

柳田悠岐　2011年　打率・291　安打73　本塁打13　打点43　長打率・518
出塁率・375

村上宗隆　2018年　打率・288　安打105　本塁打17　打点70　長打率・490
出塁率・389

リチャード　2022年　打率・232　安打73　本塁打29　打点84　長打率・562
出塁率・348

リチャード　2023年　打率・225　安打53　本塁打19　打点56　長打率・521
出塁率・364

村上は、長打率は4割9分だったが、OPSは一流の証、8割を超えている。22年のリチャードはそれを上回る9割超えである。イチロー、中田、柳田の経歴を見ればリチャードは一軍の主力に羽ばたいていなければおかしいが、そうはなっていない。

ピッチングスタッフ分析

モイネロは先発かセットアッパーか

森唯斗、椎野新《しいのあらた》、嘉弥真新也《かやましんや》、高橋純平、高橋礼、泉圭輔、甲斐野央が移籍、戦力外などでいなくなり、その前年は千賀滉大、田中正義、大竹耕太郎がチームを離れ、陣容がすっかりスリムになった。2年前の22年には、今名前を挙げた10人のうち髙橋純平を除く9人が一軍の試合で登板している。千賀22、嘉弥真56、泉30、森29、甲斐野27、椎野18、田中5、髙橋礼4、大竹2で、合計193イニング投げている。

スリム化して新監督は起用しやすくなっただろう。人材が多ければ故障した選手の補塡が楽になる反面、成績が落ちた選手のスランプ脱出まで待ち切れず、すぐ代わりを用意しようとする。近年のソフトバンクがそういう構造だった。

2013年の日本ハム・栗山英樹監督は、高校卒新人の大谷翔平を13試合に登板させ、そのうち先発は11試合あった。シーズン通算成績3勝0敗、防御率4・23は高校卒としては悪くないが、辛抱のきかない監督ならこんなに起用していない。前年はリーグ優勝しているチームなのだ。

もう少し大谷に付き合っていただく。5月23日にプロ初登板を先発で飾り、6月26日の

ピッチングスタッフ			
[先発]	[中継ぎ]	[抑え]	[その他]
東浜　巨	大津　亮介	オスナ	尾形　崇斗
石川　柊太	藤井　皓哉		＊笠谷　俊介
有原　航平	松本　裕樹		岩井　俊介
＊モイネロ	又吉　克樹		武田　翔太
スチュワートJr.	板東　湧梧		風間　球打
＊和田　毅	津森　宥紀		＊田浦　文丸
			＊前田　悠伍

＊は左投げ

ソフトバンク戦では内川聖一、長谷川勇也にソロホームランを喫し、3失点している。それでも7月以降、先発で7試合、リリーフで2試合起用し、チームは12年ぶりに最下位に転落しているが、3年後の16年には大谷がチームを牽引して日本一になり、現在の大谷ブームも将来を見据えた起用法によって導かれていることがわかる。

佐々木朗希（ロッテ）のような体作りを優先すべき選手には抜擢よりトレーニングが重要になり、ある程度体作りがすんでいる大谷のような選手には抜擢が重要になる。そういう見極めができる指導者はこれからのプロ野球界ではますます求められるだろう。

話が長くなったが、そういう選手起用を小久保新監督にはお願いしたい。

今年の陣容を予想すると、モイネロの起用法が難しい。昨年は左ヒジ手術のため7月1日以降、登板がなく、今季は先発転向からセットアッパーに戻るプランが提示されるなど、せわしない。顔ぶれだけでも賑やかだった2年前ならモイネロの先発転向案など湧いてこなかったと思う。またFA移籍で山川が来なければ甲斐野の人的補償もなかったので、モイネロのセットアッパー復活もなかった。今季の陣容を見ればセットアッパーの柱として8回を任せるのがベストだが、役割をころころ変える新首脳陣を見ると不安になる。

スチュワートJr.も今季25歳になり、若手最後の年になる。ソフトバンク入りした当初は「メジャーのドラ1を拒絶」という部分ばかりが強調され、底知れぬ大物感に翻弄されたが、時折一軍戦で見るスチュワートは160キロのストレートこそあるものの、大谷や佐々木の登場によってその速さが珍しくなくなった今、普通の本格派に見える。

スチュワートは昨年の成績（77・1回投げて与四球42、奪三振67）が示すように、コントロールが不安定（与四球率4・89）で奪三振率7・80も物足りない。今年はスチュワートにとって正念場で、例年のような成績だと、ソフトバンクの育成能力自体に疑問符がつく。

和田の残留は小久保監督をホッとさせたが、先発候補に若さがなくなった。やはりドラフト1位で獲った風間あたりに出てきてほしい。風間は昨年オフ、台湾で行われたウインターリーグでは5試合に出場して1勝1敗、防御率2・45を残している。体ごと押し込むようなストレートの威力は圧巻で、カーブを交えた緩急も健在。大谷のような野球に対する真摯な姿勢が加われば鬼に金棒だ。

ドラフト分析

3位廣瀬隆太（慶應大）は次代の主軸

3球団が重複した武内夏暉《なつき》（西武）を抽選で外し、外れ**1位**で左腕、**前田悠伍**（大阪桐蔭高）を指名した。私が見た22年夏の甲子園大会2回戦、聖望学園高戦では先発して5回投げ、ストレートの最速は142キロ。準々決勝の下関国際高戦はリリーフ登板し146キロが最速だった。スライダー、カーブにチェンジアップ、ツーシームを交えた緩急が真骨頂で、ストレートで押し込んで打者を圧倒するタイプではない。

侍ジャパンU－18壮行試合では高校代表の先発として2回投げ、被安打3、奪三振3、無失点に抑えている。1回裏、宮崎一樹《かずき》（日本ハム3位）、辻本倫太郎（中日3位）をスライダー、チェンジアップで連続三振に取ったあと、24年のドラ1候補、宗山塁（明治大）にセンター前へ弾き返され、2回は上田希由翔《きゆうと》（ロッテ1位）にレフト前に運ばれたあと、進藤勇也（日本ハム2位）を併殺打、2死一塁のあと中島大輔（楽天6位）をスライダーで三振に取っている。

日本が初優勝したU－18ワールドカップでも決勝の韓国戦に先発して7回を投げ、被安打4、奪三振5、失点1に抑えるなど、大舞台での活躍が目立つ。

無駄のないきれいな投球フォームが才能を物語ると同時に、ストレートより技巧に価値を見出すようなピッチングスタイルに頼りなさがある。初めて見たときに思い出したのが16年のヤクルト1位、寺島成輝《なるき》（履正社高）で、私は寺島を「いいところはオンとオフの使い分けができるところにあり、それが物足りなく思うときもある」と17年版に書いた。

若いときはストレートの速さにもう少し価値観を見出してほしい。本当の技巧は浅村栄斗（楽天）など明らかに力が上の打者と対戦したときに生み出されるもの。

2位岩井俊介（名城大・投手）は松本凌人《りょうと》（名城大→DeNA2位）と鉄壁の2本柱を形成していた本格派右腕。22年の全日本大学野球選手権2回戦、近大工学部戦では先発して5回を無失点に抑えている。この試合で計測したストレートの最速は149キロだったが、報道されている自身の最速は155キロ。ステップと同時に上半身が追いかけていくいわゆる〝割れない〟投球フォームで、前肩の早い開きも気になる。

愛知大学野球リーグ通算成績は13勝5敗、防御率2・15。23年の日米大学野球選手権の代表メンバーに選出され、第2戦にリリーフで1イニングを無失点、第5戦はリリーフで打者1人に1四球を与え降板している。

3位廣瀬隆太（慶應大・二塁手）は東京六大学野球リーグ史上、高橋由伸（慶應大）23本、田淵幸一（法大）22本、岩見雅紀（慶大）21本に次いで、岡田彰布（早稲田大）と並ぶ20本を記録している。ベストナインは一塁手で1年秋、3年秋、二塁手で3年春に選出されているが、私が球場で見たのはすべて二塁手のプレーなので、一塁の適性はよくわからない。21年11月に行われた明治神宮大会2回戦の東農大北海道オホーツク戦では5番・二塁手でスタメン出場、2回裏には正木智也（ソフトバンク）に続くホームランを右中間に放ち、第3打席はライト前、第4打席はセンター前タイムリーを放っている。

決勝の中央学院大戦では第1打席でレフトへ三塁打、第2打席で右中間への二塁打、第4打席でセンターへのホームランを放ち、あわやサイクルヒットという猛打賞を記録。

22年春の立教大1回戦は3番・二塁手でスタメン出場、四球→四球→中飛で迎えた8回裏、スコアは0対2の1死一、二塁という局面で右投手のストレートをバックスクリーンに押し込む逆転3ラン。9日後の法政大3回戦も3番・二塁手で出場、3対4で迎えた9回表、2死三塁の局面で右腕の高めスライダーをバックスクリーンに逆転2ランを放つなど一発長打と勝負強さを遺憾なく発揮している。4回には24年のドラフト1位候補、篠木健太郎のカットボールを押し込んでレフト線へ二塁打を放っている。

こうしてみると、私は廣瀬の打つシーンを多く見ていることに気づく。全国大会の通算成績は打率・464、本塁打4、打点10。23年の日米大学野球選手権第1戦は7番・指名打者でスタメン出場し、第2打席に右中間へのタイムリー二塁打、第4打席にはレフトへソロホームランを放ち、大舞台での強さを証明。第4、5戦でも1打点ずつ記録している。21年の東農大北海道オホーツク戦のバックスクリーンへの一発を見ると、かなり捕手寄りでボールを捉えているので、大谷翔平（ドジャース）並みの逆方向への一発が多く見られるかもしれない。

4位村田賢一（明治大・投手）は東京六大学野球リーグで通算15勝3敗、防御率2・09を記録する右腕本格派だ。本格派、と言ってもオーバースローで投げるというくらいの意味で、ストレートは最速150キロを計測するが、スライダー、カーブ、チェンジアップ、フォークボール、シンカーを交えた緩急に持ち味があり、速球派と形容する迫力はない。

ドラフト後、明治大が運営する「明スポWEB」中にある「大学野球引退インタビュー村田賢一投手」を読むと、その持ち味がよくわかる。

「やっぱりコントロールでアピールしていきたいなと思うので。そこが最初かなとは思うんですけど。／スピードないからプロに行けないっていうけど、スピードない人の方が、結構勝ってるんじゃないかと思っちゃうから、伊藤将司選手とか、西勇輝選手もそうだし、村上頌樹《しょうき》選手（共に阪神タイガース）もそうじゃん。ライアン小川選手（泰弘・東京ヤクルトスワローズ）だって、そんな速い訳ではない」

これを読むと、プロ野球のことをよく知っていると感心する。

5位澤柳亮太郎（ロキテクノ富山・投手）は明治学院大東村山高、明治学院大まで知名度が低かった。それが社会人のロキテクノ富山に入社後、急成長を遂げた。同社のX（ツイッター）を見ると「産業用精密ろ過フィルターの製造・販売を主に手がける」会社とある。設立は12年2月25日で、拠点となるのは同社創業の地である富山県。

澤柳はソフトバンクに在籍する大津亮介、板東湧悟《ゆうご》とよく似ている。150キロのストレートを右打者の内角に鋭くねじ込み、縦割れのカーブ、フォークボールにカットボールも交え、打者を翻弄する。22年に行われたU－23ワールドカップではリリーフとして5試合に登板し、防御率3・00を記録、日本の優勝に貢献している。

6位大山凌《りょう》（東日本国際大・投手）は2年生だった21年秋、2勝1敗、防御率0・36でブレーク。22年春は4勝0敗、防御率0・35で2季連続して防御率が0点台を記録、優秀選手賞、最多勝利投手賞、ベストナインに輝いている。

23年の全日本大学野球選手権2回戦、仙台大戦では6回を投げ7四死球の乱調で3失点したが、ストレートが最速153キロを計測し、素質の高さを見せつけた。

7位藤田悠太郎（福岡大大濠高・捕手）は170センチ、74キロの小兵だが、高校通算43本塁打を記録するスラッガー。守っては二盗を阻止する二塁送球タイムが最速1・8秒台を計測する強肩捕手でもある。

東北楽天ゴールデンイーグルス

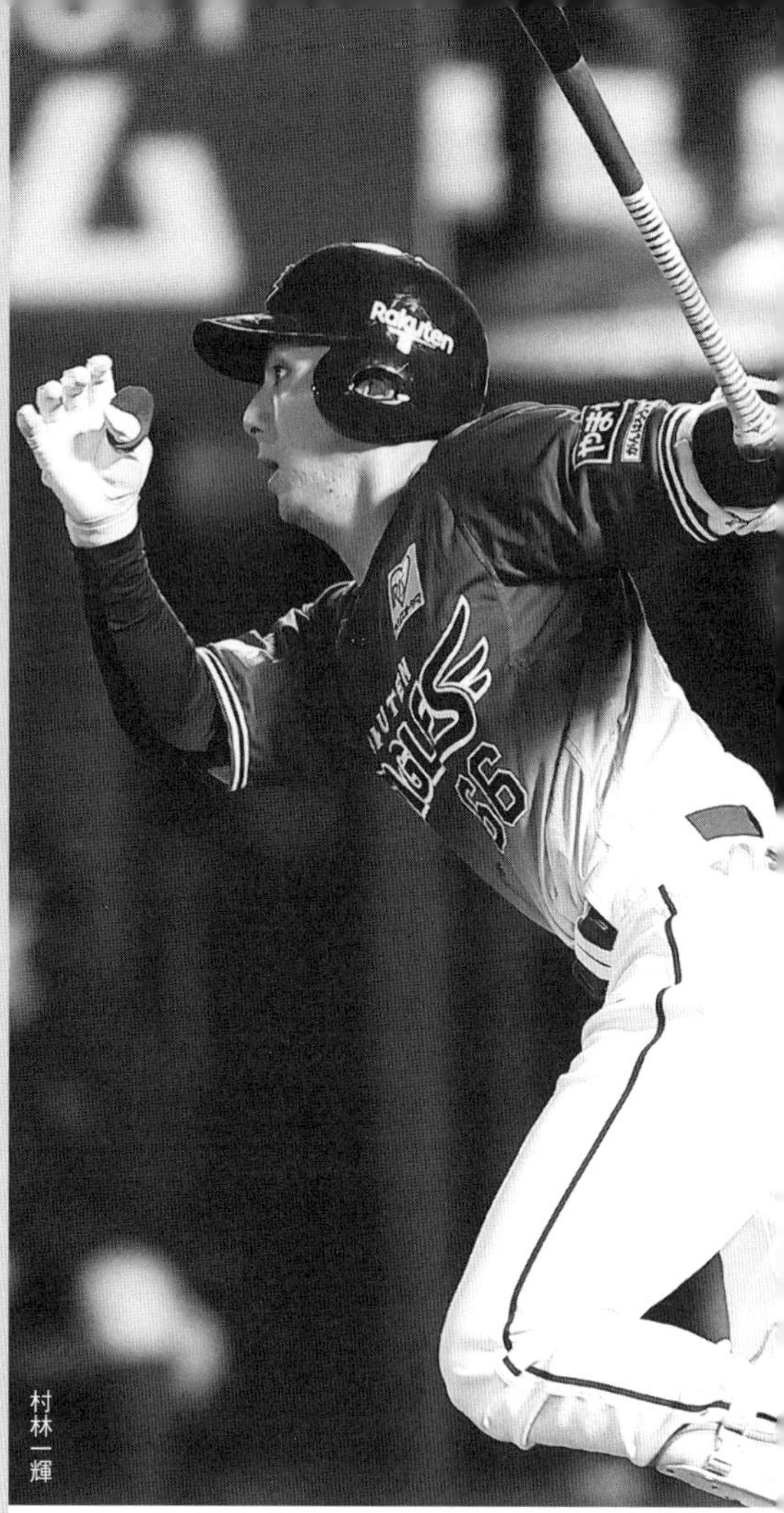

村林一輝

球団のビジョンが見えず、このままでは暗黒時代に

年	シーズン順位	交流戦順位	観客動員数
2019	3位	6位	182万1785人(9位)
2020	4位	—	23万6084人(12位)
2021	3位	6位	61万5237人(8位)
2022	4位	7位	133万1131人(10位)
2023	4位	6位	135万8512人(12位)

★(　)は12球団中の順位

選手の年齢構成（楽天）

年齢	投手	捕手	一塁手	二塁手	三塁手	遊撃手	外野手
18･19	大内誠弥 坂井陽翔 日當直喜				青野拓海	ワォーターズ璃海	
21	泰勝利						吉野創士 前田銀治
22	内星龍 松田啄磨					入江大樹	
23	林優樹 古謝樹			黒川史陽			武藤敦貴 中島大輔
24	荘司康誠 渡辺翔太 伊藤茉央	安田悠馬					
25	松井友飛 西垣雅矢 櫻井周斗	石原彪					
26	藤平尚真 早川隆久 高田孝一 宮森智志			平良竜哉			
27	津留﨑大成 小孫竜二	堀内謙伍				村林一輝	渡邊佳明
28	鈴木翔天 藤井聖 吉川雄大	太田光		伊藤裕季也			辰己涼介 小郷裕哉
29						山﨑剛 小深田大翔	
30	弓削隼人 瀧中瞭太 ポンセ				茂木栄五郎		田中和基
31	酒居知史						
32	宋家豪	田中貴也	フランコ				
33							
34	則本昂大 辛島航				浅村栄斗		島内宏明
35～	田中将大 岸孝之 ターリー		鈴木大地	阿部寿樹			岡島豪郎

［註］ポジションは23年の一、二軍の守備成績を参考

2年連続最下位の日本ハム、中日よりも深刻なチーム状況

楽天球団の周辺で報じられるニュースは暗いものが多い。昨シーズン後半に吹き荒れたのが安樂智大（退団）投手によるパワハラ騒動。食事を断った選手に深夜、嫌がらせの電話を繰り返す、21年春季キャンプの平手打ち事件、失敗ごとに「罰金」名目の金銭の要求や暴言……等々、選手、スタッフなど137人にアンケート調査を実施し、報道されたほぼすべてのパワハラが事実と確認され、被害者は約10人と言われている。

この安樂事件が面倒なのは、注意しなければいけない立場の田中将大投手が、パワハラの現場にいてもニヤニヤしながら見ていたということ。日米通算197勝113敗の名投手が、罵声を浴びかねない立場に追いやられているのだ。

通算25勝46敗236セーブ76ホールドを挙げた、松井裕樹のMLB・パドレスへの移籍、セットアッパーの中心的存在、安樂もいなくなり、ただでさえ戦力が落ちているところに親会社のモバイル事業が莫大な損失を出している……等々、信憑性がないとはいえ、球団の身売りを囁く声も聞こえてくる。

私がこの原稿を書いているのは24年1月21日時点で在籍している外国人はマイケル・フ

ランコ（今季2年目・内野手）、ニック・ターリー（前広島、3年目・投手）、コディ・ポンセ（前日本ハム、3年目・投手）、宋家《ソンチャーホウ》豪（8年目・投手）、王彦《ワンイエンチエン》程（育成契約・投手）の5人で、野手は今のところフランコしかいない。他は前広島のターリー、前日本ハムのポンセはそれぞれ日本の他球団に3年在籍しているので失敗はない代わりに大きな成功もなさそうな人選、いわゆるロッテ式である。

生え抜きの一流が田中（06年高校生ドラフト1巡）、11年の島内宏明（6位）、則本昂大（12年2位）、松井（13年1位）で止まっているドラフト戦略も何とかしたい。安樂によるパワハラが若手投手が出てこない一因だったので、これからは改善していきそうだ。

この楽天と、過去2年、最下位に低迷しているセの中日とパの日本ハムのどちらのほうが深刻な状態にあるのかくらべてみたい。中日は生え抜きの若手野手が元気いい。岡林勇希（22歳・外野手）は最多安打（22年）、ベストナイン（22、23年）に選出され、石川昂弥《たかや》（23歳・三塁手）は昨年規定打席に到達し、13本塁打を放っている。

投手陣は阪神に次ぐ安定感があり、髙橋宏斗（22歳）は昨年ブームを巻き起こしたWBCの代表メンバーに選出され、決勝のアメリカ戦ではリリーフで登板、トラウトをスプリット、ゴールドシュミットを156キロの快速球で三振に取っている。

私はこのとき脳梗塞後のリハビリで専門病院に入院していたのだが、ナースステーション前の大型テレビに見入っていた患者十数人から盛大な拍手が起きた。このシーンは今回のＷＢＣの名場面のベストテンに入ると思う。この高橋と柳裕也、小笠原慎之介の３人が昨年は規定投球回に到達している。

日本ハムは今季24歳の万波中正が外野のベストナインに選出され、同期の野村佑希（内・外野手）、１歳上の清宮幸太郎（内野手）がそれに続く勢いにある。また今季31歳の松本剛は22年に首位打者を獲得、ベストナインにも選出されている。

投手陣はＷＢＣの代表メンバー、伊藤大海がエース格で、オリックスからＦＡ移籍した山﨑福也《さちや》と加藤貴之の両左腕で組む三本柱は実績十分。３人以外でも、成長株の根本悠楓《はるか》、金村尚真《しょうま》を擁し、出戻り外国人、ドリュー・バーへイゲンは20、21年に日本ハムで実績を残した実力派。新球場、エスコンフィールド開業で観客動員数がリーグ３位の１８８万２５７３人にまで伸びたプラス面がこういうところに表れる。

観客動員数が12球団ワーストの１３５万８５１２人の楽天では、外国人の獲得が他球団のように円滑に進まないのも仕方ない。今江敏晃氏が新監督に就任して、１月18日に今年の楽天イーグルスのスローガンが「いただき」だと発表された。真意は「頂（山のてっぺん）」らしいが、私は頂戴するの「いただき」だと思った。

スタメン分析

9年目、村林一輝は楽天には珍しい遅咲きの花

昨年、キャッチャー登録の選手が放った安打数を紹介する。

太田光《ひかる》42、炭谷銀仁朗29、安田悠馬24、堀内謙伍1……合計96安打である。この中から炭谷が戦力外通告された（西武移籍）。ドラフトでは投手を5人、内野手を2人、外野手を1人獲得したが、育成ドラフトは13年以来10年ぶりに参加していない。ファームに、次代の主力を託せるような大物捕手がいるのか探したが、堀内57、田中貴也36、水上桂《けい》32、石原彪《つよし》32、安田15、江川侑斗《ゆうと》11が昨年ファームで守った試合数である。次代のレギュラー候補、と大声で言えるような選手はいないと思う。どうして銀仁朗を戦力外にしたのかわからない。

予想スタメンで捕手を安田悠馬にしたのは若いからだ。そうしないと全ポジションのスタメン候補が26歳以上になってしまう。ここまで書いて、今の楽天には戦略がないのだと気づく。前で比較した中日や日本ハムは2年連続最下位に低迷しても、こういうチームに作り上げていこう、という戦略がある。中日はショート出身の立浪和義監督らしく、二遊間を整備しながらディフェンスを全面に押し立て、投手陣を盛り上げていく、という戦略

スタメン候補

	［スタメン］	［控え］
捕	*安田　悠馬	太田　光
		*堀内　謙伍
一	フランコ	*鈴木　大地
		伊藤裕季也
二	*小深田大翔	*黒川　史陽
三	浅村　栄斗	平良　竜哉
遊	村林　一輝	*山﨑　剛
左	*島内　宏明	*渡邊　佳明
中	*辰己　涼介	*武藤　敦貴
右	*小郷　裕哉	*岡島　豪郎
D	阿部　寿樹	+田中　和基

*は左打ち、+は両打ち

が見て取れる。

日本ハムは素材重視でドラフトに臨み、一軍で使いながらスキルを上げていくというソフトバンクと真逆な戦略だ。野手に対する目配りも欠かさず、08年の統一ドラフト後、1、2位の上位で野手を指名しなかったのは09、15、19の3回だけ（13年1位の大谷翔平、22年1位の矢澤宏太は野手としてもカウント）。

楽天にはそういう戦略が見えない。誰でもうちのコーチングにかかれば一流になれるというくらいの無作為ぶりだが、04年の初ドラフト以来、指名した選手が一流（タイトル獲得）になったのは前に書いたように06年の田中、11年の島内、12年の則本、13年の松井の4人しかいない。

中日は09年の大島洋平（5位）、10年の大野雄大《ゆうだい》（1位）、16年の柳裕也（1位）、19年の岡林勇希（19年5位）の4人、日本ハムは08年の中島卓也（5位）、09年の増井浩俊（5位）、10年の西川遥輝（2位）、11年の松本剛（2位）、近藤健介（4位）、12年の大谷翔平（1位）、14

年の有原航平（1位）の7人。中日には一流候補の小笠原慎之介（15年1位）、石川昂弥（19年1位）、髙橋宏斗（20年1位）も控えているので、中身がだいぶ違う。

楽天側は「選手の補強はドラフトだけではない」と言いそうだが、FA移籍で獲得した今江敏晃（ロッテ）、岸孝之（西武）、浅村栄斗（西武）、鈴木大地（ロッテ）は確かに活躍したものの、主力を獲られたロッテ、西武はその後もAクラスにいることが多く、西武は主力を抜かれた17〜23年にかけて2位→1位→1位→3位→6位→3位→5位と連覇を経験し、楽天は3位→6位→3位→4位→3位→4位→4位と安定しない。さらに監督が、梨田昌孝、平石洋介、三木肇、石井一久とめまぐるしく替わり、24年も今江監督にバトンタッチされる。

今年のスタメン候補に話を戻すと、高校卒の村林一輝（大塚高）がやっと出てきた。オコエ瑠偉（現巨人）と同期の15年7位に指名された選手で、私は同年夏の大阪大会2回戦、4番・投手でスタメン出場した大商大高戦を見た。最速140キロは対戦相手の大西広樹（ヤクルト）の145キロには及ばなかったが、ゲーム前の低く伸びる遠投を見て、野手としての評判の高さが理解できた。あれから9年経っても、まだ中堅世代の27歳でプレーできるのが高校卒のいいところである。

ピッチングスタッフ分析

松井裕樹に代わる抑え役は若手に任せて

守護神、松井の後継者に先発の柱、則本昂大が就くという。114勝91敗、防御率3・11は現代野球では見事と言うしかないが、あっさりとリリーフ転向を承諾したなと思った。チームファーストの人だから、不服そうな態度は取らなかったと思うが、フロントが則本ファーストの礼を取らなかったことが少し残念。以下は昨年のリリーフ投手の実績。

酒居知史《さかいともひと》 47試合 5勝3敗1セーブ20ホールド 防御率2・98
鈴木翔天《そら》 61試合 1勝1敗1セーブ22ホールド 防御率3・30
渡辺翔太 51試合 8勝3敗1セーブ25ホールド 防御率2・40
宋家豪 49試合 2勝1敗16ホールド 防御率2・89
内星龍《せいりゅう》 53試合 4勝2敗7ホールド 防御率2・28

普通に考えれば、これらの若手・中堅の中から抜擢して、抑え役を託すのではないか。それが先発のエースを持ってくるというのは、中継ぎとして頑張った彼らに対する非礼だと思う。つまり、フロントは則本にも中継ぎ陣にも礼を失した。

ファームでは昨年、育成選手の清宮虎多朗《せいみやこたろう》（18年育成1位）が2勝2敗22セーブを挙げ、イースタン・リーグの最多セーブのタイトルを獲っている。インターネットを活用した動画配信サービス、パ・リーグTVでは最速155キロの快速球で押しまくる清宮のピッチングが見られるが、ヒジを十分に使えないアーム式の投球フォームながら、ファームの打者では対応し切れない速さは十分支配下にふさわしいと思う。

ここで過去2年の、投手陣のチーム成績を見てみよう（カッコ内の順位はリーグ成績）。

――――――

22年　防御率3・47（6位）　セーブ35（4位）　ホールド104（5位）

23年　防御率3・52（6位）　セーブ42（3位）　ホールド121（3位）

セーブ、ホールドは最悪というほど悪くはない。心配なのは先発のほうで、昨年も規定投球回に到達しているのは則本だけで（リーグ5位の防御率2・61）、他の100イニング超えしている先発陣の防御率は田中将4・91、荘司《しょうじ》康誠《こうせい》3・36、岸3・07と、すべて3点台以上だ。先発陣で孤軍奮闘している則本を抑え投手に配置転換するというのはどう考えてもまともではない。

松井と安樂のチーム離脱の現状を考え則本の抑え案が出てきたわけだが、〝大魔神〟こと佐々木主浩（元横浜）の抑え元年は23歳だった91年、岩瀬仁紀（元中日）のリリーフ元年は25歳だった新人時代の99年、藤川球児（元阪神）のリリーフ元年は25歳だった05年というように、歴史に残る抑え役のリリーフ元年は20代半ばまでである。

ピッチングスタッフ			
[先発]	[中継ぎ]	[抑え]	[その他]
荘司　康誠	宋　家豪	則本　昂大	松井　友飛
田中　将大	渡辺　翔太		瀧中　瞭太
＊早川　隆久	内　星龍		＊辛島　航
岸　孝之	宮森　智志		西口　直人
藤平　尚真	＊鈴木　翔天		酒居　知史
ポンセ	＊ターリー		＊古謝　樹
			伊藤　茉央

＊は左投げ

則本が先発に戻れば、田中将、則本、岸孝之、荘司康誠、早川隆久で組むローテーションが可能になり、ここに藤平尚真とポンセが加われば、オリックス、西武に負けない強力な先発陣が組める。

ポンセは内角を執拗に突く攻撃的な配球でひときわ目立つ。22年の与四球率は2・48とコントロールは安定し、与死球も日本ハム時代は年間2〜3個なので少ない。それでも、内角攻めが強烈に記憶に残る。

ターリーは22、23年、広島に在籍し、通算9勝5敗1セーブ36ホールド、防御率2・39を挙げている。とくに23年は7勝1敗1セーブ22ホールド、防御率1・74の好成績を残し、オールスターゲームにも選出されている。左腕からのストレートは最速155キロを計測し、120キロ台中盤のカーブ、チェンジアップとの緩急で打者を翻弄する。ターリーも加えたリリーフ陣は則本がいなくても機能しそうに見えるのだが。

ドラフト分析

長身投手を揃えたパワー志向

1位古謝樹《こじゃたつき》（桐蔭横浜大・投手）は神奈川大学野球リーグで通算17勝3敗、防御率2・35を挙げ、最優秀投手賞も3度受賞している。投球フォームは体の近くで腕を振り、それも内回旋でテークバックの位置まで上げていくので、ヒジが自然な動きの中で高く上がっていくというのが長所。腕を前に振っていくときは下半身（ステップ）→上半身の順で打者に向かっていき、前（右）肩の開きが最後まで抑えられるので、ボールの出どころが打者から見えにくいというのも持ち味。ストレートの最速は153キロ、変化球はスライダー、チェンジアップがあり、どれも一級品だ。

私がこれまで見てきた中では吉見祐治《ゆうじ》（東北福祉大→00年横浜2位）、那須野巧《たくみ》（日本大→04年横浜自由枠）、川満寛弥《かわみつひろや》（九州共立大→12年ロッテ2位）が似たタイプだ。ドラフトの指名順位を見ればわかるように、彼らへのスカウトの評価は高かったが、那須野、川満は期待されたほどの成績を残せなかった。2人はストレートの速さが伸びなかったのが直接的な原因だが、体重も増えなかった。那須野はプロ最終年の11年が192センチ、84キロ。この上背なら100キロあってもおかしくなかった。古謝は182センチ、75キロなので、同型の先輩左腕とイメージがダブってしまう。

2位坂井陽翔《はると》（滝川二高・投手）も投球フォームがいい。ストレートは最速149キロを計測し、カットボール、フォークボールをはじめ、カーブ、スライダー、ツーシームなど多彩な変化球を操る。23年夏の兵庫大会は準決勝に進出した。

ヒジを起点とした真上からの腕の振りに特徴があり、186センチの長身も相まって攻略を難しくさせている。さらにストレートと同じ腕の振りでリリースされるフォークボールは落差が大きく、高めのストレートを交えた高低の攻めで空振りを量産する。

3位日當直喜《ひなたなおき》（東海大菅生高・投手）は190センチの長身から投げ下ろす最速150キロのストレートが持ち味。23年のセンバツ大会2回戦、城東高戦では4対2でリードした8回表からマウンドに立ち、2回を無失点に抑えた。3回戦の沖縄尚学高戦は先発で登板し、9回を被安打6、与四球1、与死球2、奪三振7で完封。準々決勝の大阪桐蔭高戦は3回からリリーフで登板、6回を被安打5、与四死球0、奪三振7、失点2という内容。

バックスイングが体から離れ、さらに八の字のヤジロベー型なのでテークバック時のヒジの位置が低く、長身の割にボールに角度が生まれないというのが不満要素だ。

4位ワォーターース璃海ジュミル（日本ウェルネス沖縄高・内野手）は内野ゴロのときの一塁到達タイムが3・7秒台、二塁打のときの二塁到達タイムが7・6秒台を計測する運動能力の高さが魅力。

バッティングはバットが下から出るのが不安要素だ。インパクトからフォロースルーにかけてバットが上に向くのはいいが、最初の振り出しからアッパースイングでは高めの球に対応できない。


5位松田琢磨（大阪産業大・投手）は、昨秋のドラフトで楽天が指名した投手を象徴するような選手だ。3位の日當以外は内回旋でヒジを上げ、打者に向かっていくときは高いヒジの位置からボールをリリースするというのが共通の投球フォーム。直曲球に高低の角度が生まれ、前肩の早い開きも抑えられているので、打者は緩急の配球に苦労しそうだ。

ストレートの最速は149キロ、変化球はスライダー、カーブ、フォークボールがあり、4年の春、秋には通算127イニングを投げ、春は最優秀投手に選出されている。優勝した天理大1回戦では先発して9回投げ、被安打2、与四球6、失点1という完璧に近い内容。1対1で迎えた9回表にヒットと2つの四球でピンチを広げたのは今後の課題。

昨秋楽天にドラフト指名された投手全般に言えることだが、186センチの長身で体重が73キロはボリューム不足。プロでは体作りからスタートすることになる。

6位中島大輔（青山学院大・外野手）は俊足の外野手だ。22年春の中央大1回戦では1番・中堅手でスタメン出場し、第1、2打席で二塁ゴロを放ち、一塁到達タイムは3・93、3・

98秒だった。私の基準では4・3秒未満が俊足なので、プロでも一級の脚力と言える。ちなみに第4打席の投手への内野安打のときは4・08秒で一塁を走り抜けた。

翌日の中央大2回戦では2番・中堅手に役割が代わったが、第2打席で先頭打者ホームランを記録。第3打席は1死一、三塁で139キロのストレートを捉え投手の足元を抜くタイムリー。ゆったりとした足上げの始動と、慎重なステップに特徴があり、バットのグリップの位置は胸↓肩に上がってトップを作る理想形。

23年春は打率・333（リーグ4位）でベストナイン、秋は打率・286（6位）で盗塁8がリーグ1位。MVPとベストナイン（通算3度）に選出され、23年の日米大学野球選手権の代表メンバーにも選出されている。

7位大内《おおうち》誠弥《せいや》（日本ウェルネス宮城高・投手）は191センチ、77キロの本格派右腕で、ストレートの最速は144キロ。体作りが課題だが、始動で高く上げた左足で予想外の広いステップを取り、リリース後の躍動感も予想外。配球が外角中心で、躍動感に比してスピードがない。これは体幹の弱さが理由と思われるので、プロではウエートトレーニングで体作りを実践してほしい。

投球フォームは佐々木朗希（ロッテ）を参考にしているらしいが、高く上げた左足の着地時の加重を下半身が受け止め切れていない印象がある。

8位青野拓海《たくみ》（氷見高・内野手）は23年春のセンバツ大会2回戦、優勝した山梨学院高戦に3番・投手でスタメン出場し、1対4で敗戦。8回を被安打6、奪三振1で完投した。ストレートは最速145キロだが、注目されているのはバッティングのほう。

山梨学院高戦では第2打席にセンター前ヒット、第4打席にライト前ヒットを放ち、高校通算23本塁打の片鱗を見せた。今回楽天にドラフト指名された中では、マウンド上でも打席の中でも、最も下半身がどっしりしている印象を受ける。野手としてのポジションは三塁に挑戦すると表明している。

埼玉西武ライオンズ

高橋光成

空前絶後の投手力を擁して覇権をめざす

年	シーズン順位	交流戦順位	観客動員数
2019	1位	5位	182万1519人（10位）
2020	3位	—	30万120人（10位）
2021	6位	7位	62万346人（7位）
2022	3位	5位	121万2233人（12位）
2023	5位	12位	142万2853人（11位）

★（　）は12球団中の順位

選手の年齢構成（西武）

年齢	投手	捕手	一塁手	二塁手	三塁手	遊撃手	外野手
18・19	成田晴風 杉山遙希	野田海人					
20	黒田将矢 山田陽翔						古川雄大
21	羽田慎之介					滝澤夏央	
22			山村崇嘉				長谷川信哉
23	武内夏暉 上田大河		村田怜音				
24	渡邉勇太朗 佐藤隼輔 青山美夏人						蛭間拓哉
25	平良海馬 浜屋将太 隅田知一郎 宮澤太成	古賀悠斗					高木渉 西川愛也
26	今井達也 大曲錬 水上由伸 糸川亮太				渡部健人	元山飛優	鈴木将平 若林楽人 児玉亮涼
27	髙橋光成 ボー・タカハシ	柘植世那			佐藤龍世	平沼翔太	
28	松本航 甲斐野央 ヤン						岸潤一郎
29	與座海人 中村祐太 アブレイユ						
30	田村伊知郎			山野辺翔			コルデロ
31	本田圭佑					源田壮亮	
32				外崎修汰			
33	平井克典		陽川尚将				
34			アギラー				金子侑司
35～	増田達至	岡田雅利 炭谷銀仁朗			中村剛也		栗山巧

［註］ポジションは23年の一、二軍の守備成績を参考

FAの人的補償で課題だったリリーフ陣の補強に成功

昨年の投打のチーム成績をまず紹介しよう。

投手　防御率2・93（2位）　セーブ35（4位）　ホールド98（6位）
野手　打率・233（5位）　本塁打90（6位）　盗塁80（2位）

予想通りというか、すっかり〝スモールベースボール〟のチームになったことがわかり、一抹の寂しさがある。08年の統一ドラフト以降、野手の上位指名が09年2位の美沢将《まさる》（第一工大・内野手）、13年1位の森友哉（大阪桐蔭高・捕手）、同2位の山川穂高（富士大・内野手）、15年2位の川越誠司（北海学園大・投手&野手）、17年2位の西川愛也（花咲徳栄高・外野手）、20年1位の渡部健人《わたなべけんと》（桐蔭横浜大・内野手）、22年1位の蛭間拓哉（早稲田大・外野手）、同2位の古川雄大《ゆうだい》（佐伯鶴城高・外野手）の8人しかいない。セ・リーグ阪神の12人とは対照的である。

非力な野手、とここ数年書き続けてきたが、ドラフト上位で投手を指名し続ければレベルの高い投手陣が形成されるのは当然の理屈。果たしてそうなっているのか。詳しくはこのあとのスタメン分析、ピッチングスタッフ分析に譲るが、投手陣は現在の力も凄いが、数年先の未来も明るい。

課題のリリーフ陣のボリュームアップはソフトバンクにFA移籍した山川穂高の人的補償で助けられそう。西武は攻撃陣に弱さがあるのでソフトバンクは28人のプロテクトを野手中心で人選したはず。たとえば、次のような選手たちだ。

◇ソフトバンクのプロテクト28人予想……柳田悠岐、近藤健介、栗原陵矢、今宮健太、甲斐拓也、中村晃、周東佑京、三森大貴、正木智也、井上朋也、牧原大成、リチャード、柳町達《たつる》、イヒネ・イツア、笹川吉康／東浜巨《なお》、石川柊太、有原航平、大津亮介、大関友久、藤井皓哉《こうや》、又吉克樹、板東湧梧《ゆうご》、風間球打《きゅうた》、甲斐野央《ひろし》、津森宥紀《ゆうき》、松本裕樹、笠谷俊介

超ベテランの和田毅はプロテクトされておらず、甲斐野央はされていたと思う。ホークスひと筋の和田に敬意を払っても、プロテクト28人の人選は純粋な戦略である。先発投手陣が豊富な西武が今季43歳の和田に食指を伸ばすと考えるほうに無理がある。しかし、西武のフロントは過去にそういうことをやっている。05年の豊田清⇕江藤智、18年の炭谷銀仁朗⇕内海哲也である。戦力と考えるより、和田をプロテクトしなかったソフトバンクに精神的な揺さぶりをかける、という戦略的な狙いで和田を指名したと思う。

しかし、何らかの理由で和田の人的補償はご破算になり、「それなら（プロテクトしている）甲斐野をくれ」という展開になったのかもしれない。西武がそうなることを予測して和田を指名したなら、その人は根本陸夫（元球団管理部長）に匹敵する寝業師である。私はそういうやり取りがあったと思っている。

人的補償の仕組みを「必要としない」と口にするプロ野球OBもいるが、私は選手より球団を守ることのほうが重要だと考える人間なので、人的補償は残してほしいし、プロテクトの人数は28人より少ない15人程度にしてほしいと考えている。

FA権を取得した選手を獲得するのは大抵、レギュラークラスを多く抱える巨人やソフトバンクのような球団である。選手は「巨額な年俸」と「働きやすい環境」を天秤にかけたとき、後者より前者を重く見るようである。もしプロテクトを15人にすれば、「FA選手がほしい」と軽々しく手を上げる球団は少なくなり、結果的に選手も球団も得をする。

人的補償で巨人を離れた江藤智氏は10～18年の9年間、巨人の一軍打撃コーチなどの要職に就き、内海哲也氏は阿部慎之助氏が監督に就任した今年、巨人の投手コーチに迎えられている。プロテクトを外した現役時代の非礼は引退後に詫びればいいのである。日本の野球批評は戦略と情をごちゃ混ぜにするからわかりづらい。

山川の抜けた穴は数年前から予測できたことなので、ショックはないだろう。残留されたらむしろ困っただろう。分厚い投手陣を抱えて西武は今季、優勝をめざして突っ走りそうだ。

スタメン分析

若手・山村崇嘉の大化けに期待

ＮＰＢのホームページにはすべての記録が網羅されている。たとえば、23年の守備成績を見ると、捕手の「盗塁阻止率」「捕逸数」「守備率」がわかる。昨年の捕手の盗塁阻止率ナンバーワンは古賀悠斗（西武）の・４１２で捕逸のワーストワンは古賀の４である（ロッテの佐藤都志也も同数）。古賀の守備率・９９２はチーム内の柘植世那《つげせな》、古市尊《ふるいちたける》とほとんど変わらず、安打数は柘植の23、古市の８に対して古賀は52（打率・２１８）なので、今季のレギュラー捕手と考えていい。

他のポジションでレギュラーが見えないのが一塁、三塁と外野の３枠。『週刊ベースボール　２０２３プロ野球記録集計号』（ベースボール・マガジン社）は一塁手＝マキノン（自由契約）、三塁手＝佐藤龍世、左翼手＝ペイトン（自由契約）、中堅手＝西川愛也、右翼手＝蛭間拓哉、指名打者＝中村剛也となっている。外国人の去就はこの号には間に合っていないので、一塁手＝アギラー、左翼手＝コルデロに直せば、私の予想と異なるのは三塁だけだ。佐藤龍世は27歳の年齢と通算打率・２１６では大化けできないと考え、昨年初めて一軍戦に出場し、打率・２８６、安打４、本塁打２を記録した山村崇嘉《たかよし》（20年東海大相模高３

位）の大化けに期待した。山村は中学生だった武蔵府中リトルシニア時代、〝スーパー中学生〟だった。それが東海大相模高に進学して、やや大物感が薄れた。プロ4年目の今季は、その反動に期待している。ちなみに、昨年のファーム成績は打率・258、安打77、本塁打7、打点40で抜け出す気配が濃厚だ。

一塁と、三塁には新外国人のアギラーとコルデロを置いた。ただ、昨年版にも書いたが18年以降、外国人の成績は振るわない。外国人を獲得する編成の人は、過去6年間在籍した外国人打者のバッティングが低迷している事実を新外国人に知らせているだろうか。

私が編成マンなら、過去6年間に在籍した外国人の成績を書いた資料を獲得予定の新外国人に渡す。◇どうして外国人が日本球界で急に活躍できなくなったのか　◇技術的問題、精神的問題を簡単に説明　◇日本人選手（投手&野手）の成長をわかりやすく説明　◇WBCなど国際大会での日本代表チームの活躍を簡単に説明　◇WBC以前、世界は日本をどんな目で見ていたか（せいぜい、マイナーリーグの3A程度）……

スタメン候補		
	［スタメン］	［控え］
捕	古賀　悠斗	柘植　世那
		炭谷銀仁朗
一	アギラー	渡部　健人
二	外崎　修汰	児玉　亮涼
三	＊山村　崇嘉	＊元山　飛優
		佐藤　龍世
遊	＊源田　壮亮	＊滝澤　夏央
左	＊コルデロ	＋金子　侑司
中	＊西川　愛也	若林　楽人
右	＊蛭間　拓哉	長谷川信哉
D	中村　剛也	＊鈴木　将平

＊は左打ち、＋は両打ち

等々の資料をＡ４判１枚にまとめて渡す。

新外国人のアギラーとコルデロはどうだろう。打率・２６０、安打１３０、本塁打20くらい打つレベル（ヤクルトのオスナ程度）にあるだろうか。右の強打者タイプ、アギラーの年俸は１年契約で２億１０００万円（金額は推定）。打席内での動きが小さく、また振り出しからインパクトまでのバットの動きが非常にコンパクト。変化球の多い日本のピッチャーにも対応できそうだ。捕手寄りまでボールを呼び込むスタイルなので逆方向へのホームランも可能。

左打者のコルデロはメジャー通算２５１試合に出場して打率・２１７、27本塁打、87打点という成績が残っている。ゆったりとした動きで自分のポイントまでボールを呼び込めるところが長所で、日本球界に対応できると思う。

２年目の蛭間拓哉は昨年、一軍戦に56試合出場し、打率・２３２、安打46、本塁打２を記録した。長い滞空の一本足打法に特徴があり、待ち球が違ってもバットの振り出しを粘ばれるところが非凡。もちろん、緩急に対応できるバッティングスタイルで、今季はコルデロ、アギラーとクリーンアップを組む試合が見られそう。ちなみに昨年、ファームでは打率・２９８、安打45を放っている。

ピッチングスタッフ分析

左腕不足がいつの間にか左腕王国へ

打線にくらべて投手陣は豪華だ。昨年、10勝以上挙げた投手が3人いるが、これはセ、パの優勝チーム、阪神、オリックスと西武の3チームだけだ。

髙橋光成	23試合	10勝8敗	防御率2・21
平良海馬	23試合	11勝7敗	防御率2・40
今井達也	19試合	10勝5敗	防御率2・30

ご覧のように3人とも防御率が2点台前半にとどまっている。3人とも100球超えてもストレートが150キロを超える本格派。髙橋はコントロールが悪いと言われるが1試合（9イニング）に換算した与四球率は2・73個で数字的には悪くない。それでいて与死球7は規定投球回に到達した中では伊藤大海《ひろみ》（日本ハム）に次いでリーグで2番目に多く、内角へ意識して腕を振っているのがわかる。

平良はリリーフから直訴して先発に代わり、いきなり11勝を挙げた。最速160キロのストレートに横変化のカットボール、スライダーを主要武器に三振をイニング数以上取るピッチャー。髙橋ともどもメジャー志向の強さで知られているので、球団は後継者をそろ

ピッチングスタッフ

［先発］	［中継ぎ］	［抑え］	［その他］
髙橋　光成	甲斐野　央	＊ヤン	平井　克典
今井　達也	松本　　航		増田　達至
平良　海馬	＊佐藤　隼輔		與座　海人
＊隅田知一郎	上田　大河		水上　由伸
＊武内　夏暉	アブレイユ		渡邉勇太朗
＊羽田慎之介	青山美夏人		田村伊知郎
			豆田　泰志

＊は左投げ

そろ準備しないといけない。

今井も強烈なパワーピッチャーだ。規定投球回未満の133回投げて与死球8は髙橋以上で与四球率は5・89。コントロールがよくないのに内角に投げることを躊躇しないというのは打者から見れば怖い。それでいてストレートは最速159キロを計測しているのだ。

この3本柱だけでも凄いのに、昨年9勝10敗を記録した隅田知一郎《ちひろ》がまだ控えている。ペナントレース後に行われた第2回アジアチャンピオンシップの日本代表に選出され、勝負球のチェンジアップを駆使して2連覇に貢献した。

西武は工藤公康、杉山賢人、橋本武広という歴史に名を残す左腕がいたが、なぜか左腕不足と長く言われてきた。渡辺久信GMはその時代の主戦投手だったので〝左腕不足〟という言葉に強く反応してしまうのだろう。

隅田だけでなく、次代のエース候補、羽田慎之介、佐藤隼輔《しゅんすけ》、昨秋のドラフト1位の武内夏暉《なつき》と、12球団を見回してもトップレベルの左腕が揃っているのだ。一時期のDeNA、現在では広島、日本ハムも左腕王国の地盤固めに余念がない。

リリーフは増田達至《たつし》に疲れが見え始めているので、世代交代の準備が始まっている。山川穂高の人的補償で移籍した甲斐野央も抑えの有力候補だが、新外国人のヤン、アブレイユも日本野球に対応する能力がありそう。

実績のある増田、平井克典、水上由伸、さらに期待の若手・中堅の與座《よざ》海人《かいと》、渡邉勇太朗、田村伊知郎、豆田泰志をピッチングスタッフ表の「その他」に入れているのは、それだけ西武投手陣の層が厚いから。私が楽しみにしているのは羽田のピッチングだ。八王子高に在籍していた22年に見たときは大きい体（191センチ、84キロ）を持て余しているような左腕だったのが、今動画で見るとランディ・ジョンソンと酷似した横手に近いスリークォーターの投球フォームと投げるボールの力強さが印象に残る。

リリーフ候補に名前を入れた佐藤隼輔もランディ・ジョンソン2世と形容していいスケールを持つ。渡邉勇太朗、青山美夏人《みなと》、黒田将矢《まさや》にドラフト1位の武内、2位の上田大河《たいが》も将来のエース候補と言っていい、新外国人の左腕、ヤンの躍動感溢れるピッチングも楽しみ。シーズン前、これほど西武投手陣に興味を持ったのは松坂大輔がいた99〜00年代以来。ピッチャーだけでもそういうチームが作れるんだ！

ドラフト分析

大学生が1、2位でも将来性重視のいい指名

1位武内夏暉（国学院大・投手）は23年8月28日に行われたU－18侍ジャパン壮行試合（以下、U－壮行試合）の3番手として登板した試合が強く印象に残っている。高校日本代表の緒方漣《れん》（横浜高）をショートゴロ、1番寺地隆成《りゅうせい》（明徳義塾高→ロッテ5位）を153キロのストレートで空振りの三振、2番橋本航河《こうが》（仙台育英高）を137キロのチェンジアップで空振りの三振に取っている。

この試合でストレートの最速は細野晴希（東洋大→日本ハム1位）の158キロに5キロ及ばない153キロだったが、インパクトの強さは変わらなかった。極端に言うと、腕を振ったらその直後にボールがキャッチャーミットに収まっていた、というくらいの感じなのだ。細野はスピードガンにその印象通りの数字「158キロ」が出ているので納得できるが、武内は説明を要する。

またドラフト翌日の日刊スポーツ紙には十亀剣スカウトの「コントロールが良く、完成度の高い、器用でクレバーな投手です」というコメントが載っていた。高校日本代表戦では細野に次ぐ153キロを計測しているのに、スピードについては報じられていない。そ

ういう本格派のイメージがマスメディアの報道で削られていく。とはいえ、器用さ、クレバーさなどの評価は、武内の奥行きの深さを表現しているようである。

23年の日米大学野球選手権では3試合に登板、第2戦で1回投げ2本塁打を被弾、自責点3を喫しているが、第1戦は4回、1安打、4三振、1四球、1自責点、第5戦は1・1回、0安打、2三振、0四球、0自責点という内容で日本チームの優勝に貢献している。投手が豊富な西武では即戦力は必要ないが、その完成度の高さとストレートの威力を知っているので即戦力の評価をしないわけにはいかない。

2位上田大河（大阪商業大・投手）もいいピッチャーだ。U－18壮行試合では3番手・武内と5番手・細野に挟まれる4番手で登板したが、好印象は変わらなかった。この試合のストレートの最速は147キロだが、137、8キロのフォークボールと133キロのカットボール、さらに109キロの変化の大きいカーブのほうがよく見えた。

3番・丸田湊斗《みなと》（慶應高）を二塁ゴロ、4番・森田大翔《はると》（履正社高）を138キロのフォークボールで空振りの三振、5番・武田陸玖《りく》（山形中央高→DeNA3位）にはセンター前に運ばれたが、6番・新妻恭介は一塁へのファールフライに打ち取っている。

22年の全日本大学野球選手権1回戦、富士大戦では5回途中からマウンドに上がり、2対1で金村尚真《しょうま》（日本ハム）に投げ勝っている。0対1で迎えた5回裏、2死一、二塁という局面で9番打者を146キロのストレートで空振りの三振に取るのだが、カウントを取るスライダーやカットボールなど変化球のキレのよさのほうに引きつけられた。

22年夏、平塚で行われた全日本大学野球代表選考合宿に招集され、6月19日の紅白戦では紅組の3番手で登板し、佐々木泰《たい》（青山学院大）を151キロのストレートで空振りの三振、廣瀬隆太（ソフトバンク3位）を143キロのカットボールで空振りの三振に取っている。

3位杉山遥希（横浜高・投手）は2年夏の甲子園大会1回戦の三重高戦、2回戦の聖光学院高戦ではよさが見えない。三重高戦で計測したストレートの最速は135キロ、聖光学院高戦は134キロ。いくら投手の価値はスピードだけじゃないと言っても、140キロは最低でも出ていないときちんとした緩急を作れない。

23年7月26日に行われた神奈川大会決勝、慶應高対横浜高は、横浜高が5対3で迎えた9回表に慶應高が3点入れて逆転優勝した劇的な一戦だが、この試合に先発したのが杉山である。

この試合の杉山は前年のセンバツ時とは別人。ストレートは最速146キロを計測、そしてそれよりいいのがチェンジアップとスライダーのキレ。チェンジアップのキレを「ブレーキ」と表現するが、本当に見ているだけで体が前のめりになる感覚がある。

4位成田晴風《はるせ》（弘前工高・投手）は身長185センチ、86キロのオーバースロー右腕で、背番号「41」は渡辺久信GMが現役時代に背負っていた番号。体格も同じくらいで体の近くで腕を振る投球フォームもよく似ている。ストレートの最速は150キロで変化球はスライダー、カットボール、カーブ、フォークボール、チェンジアップとひと通り持っている。

5位宮澤大成《たいせい》（四国アイランドリーグ／徳島・投手）は今ドラフトでブームになった四国アイランドリーグ・徳島インディゴソックス出身だ。椎葉《しいば》剛《つよし》（阪神2位）、井上絢登《けんと》（DeNA6位・内野手）、シンクレア・ジョセフ孝ノ助（西武育成1位）、谷口朝陽《あさひ》（西武育成2位・内野手）、藤田淳平（ソフトバンク育成7位）の5人が昨秋のドラフトで徳島インディゴソックスから指名された選手で、全投手に共通するのは球が速いこと。

宮澤もストレートが最速155キロを計測し、リリーフらしくフォークボールと2種類の持ち球で緩急を操る。

6位村田怜音《れおん》（皇学館大・内野手）は現在の西武に最も足りない長打を備える内野手だ。196センチ、110キロの巨体を誇り、異名は「伊勢の怪物」。下からかち上げるアッパースイングで逆方向にも大きい打球を飛ばせるが、振り始めからインパクトまで体が静止する瞬間が一度もない。つまり体が割れない。

プロではキレのいい変化球にどう対応するかが課題。当たれば飛ぶが、コンスタントにボールを捉えるには技術が必要。まだそれが足りない。

7位糸川亮太（ENEOS・投手）は立正大時代からドラフト候補として注目されてきた。18年11月に行われた明治神宮大会、九州共立大戦では先発して8回を投げ、島内颯太郎（広島）との投手戦を8回、無失点で制した。このときのストレートの最速は143キロで、現在の自己最速は150キロ。

174センチ、77キロの体格や投球フォームが小川泰弘（ヤクルト）に似ている。持ち球は勝負球のシンカー以外でもスライダー、カーブ、チェンジアップを備え、22年の日本選手権2回戦、日本新薬戦ではチームは敗れたが糸川は先発して6回を1安打、無失点に封じ、注目を集めた。

北海道日本ハムファイターズ

五十幡亮汰

新球場移転が可能にした逆襲の大補強

年	シーズン順位	交流戦順位	観客動員数
2019	5位	7位	197万516人（7位）
2020	5位	—	27万6471人（11位）
2021	5位	10位	54万4818人（10位）
2022	6位	8位	129万1495人（11位）
2023	6位	5位	188万2573人（9位）

★（ ）は12球団中の順位

選手の年齢構成（日本ハム）

年齢	投手	捕手	一塁手	二塁手	三塁手	遊撃手	外野手
19			明瀬諒介				星野ひので
20	達孝太 安西叶翔						
21	根本悠楓 畔柳亨丞 松浦慶斗		阪口樂		有薗直輝		
22	細野晴希	進藤勇也		細川凌平			
23							宮崎一樹 水谷瞬
24	北浦竜次 矢澤宏太 金村尚真	田宮裕涼			野村佑希	水野達稀 奈良間大己	万波中正
25	北山亘基 田中瑛斗		清宮幸太郎				
26	堀瑞輝 河野竜生	郡拓也 古川裕大					五十幡亮汰
27	鈴木健矢 伊藤大海					上川畑大悟	今川優馬
28	石川直也 福田俊 ザバラ	清水優心 マルティネス					淺間大基
29	生田目翼 マーフィー						レイエス
30	上原健太 池田隆英 田中正義 齋藤友貴哉 黒木優太			加藤豪将		石井一成	スティーブンソン
31							松本剛 江越大賀
32	加藤貴之 玉井大翔 杉浦稔大 山﨑福也						
33	ロドリゲス					中島卓也	
34	バーヘイゲン	伏見寅威					
35〜	宮西尚生						

［註］ポジションは23年の一、二軍の守備成績を参考

エスコンフィールド景気で23億円補強

24年は8人の外国人でシーズンに臨むという。山﨑福也《さちや》を除く以下に記した6人に、昨年から在籍しているマルティネス（捕手&内野手）とロドリゲス（投手）を加えた8人である。23年はソフトバンクが5人の新戦力を加え、80億円補強と話題になったが、今年の日本ハムはその3割の約24億円。

山﨑福也（オリックスからFA権を行使して移籍）……4年総額8億円
マーフィー（ツインズ）……1億2000万円プラス出来高
孫易磊（スンイーレイ）（台湾・中國文化大学／育成契約）……600万円
ザバラ（タイガース）……1億1000万円プラス出来高
スティーブンソン（ツインズ）……1億1000万円プラス出来高
レイエス（ロイヤルズ）……1億円プラス出来高
バーヘイゲン（カージナルス）……2年総額800万ドル（約11億5900万円）

一昨年までは本拠地球場として使っていた札幌ドームとの〝不平等契約〟のため、球場使用料が選手の総年俸と同額の約27億円まで膨れ上がっていた。ダルビッシュ有、大谷翔平たちがポスティングシステムを活用してメジャーリーグの球団に移籍し、陽岱鋼、近藤健介たちがFA権を行使して国内の他球団に移籍したのは、年俸を抑えないとやっていけない日本ハムを縛る制約があったからだ。

それがなくなった。23年から札幌市の隣、北広島市に総工費600億円をかけてエスコンフィールド北海道を開業した。時事通信社が運営するニュースサイト、時事ドットコムは「今年度の営業利益は、札幌ドームを本拠地としていたコロナ禍前の2019年（9億5000万円）から大幅増の26億円となる見込み。自前の施設となったことで、札幌市所有で第三セクターが運営していた前本拠地の頃と比べて収益構造が改善された」（2023年10月13日）という記事を配信した。

24億円補強の背景が見えてきた。2年連続最下位の球団だが、チームを取り巻く空気は重くない。23年のシーズン終了後、FA権を行使してチームを出て行くのではないかと言われていた加藤貴之が残留、反対にFA権を行使したオリックスの山﨑福也にソフトバンクは「4年総額12億円以上」の条件を提示したと言われるが、山﨑が選んだのは日本ハムだった。重ねて言うが、何か昨年まで日本ハムを取り巻いていた空気とは違う。

新庄剛志監督は監督2年目の23年に「優勝」を宣言しながら前年に続き最下位に低迷し

ている。今年が正念場だとフロントは性根を据えて補強に取り組んだのだろう。お金はなくても知恵だけで何度も優勝戦線に絡んでいた06～16年の日本ハムが好きなので、正直、新球場景気を背景に優勝争いに加わろうとしている今の姿にはあまり共感を覚えないが、確実にチームは変わりつつある。

エスコンフィールド北海道の話題を離れて、チーム内の戦力を見てみよう。昨年は攻撃陣に万波中正というスターが出現して、個人技だけでも楽しめた。ただ、万波はベストナインにこそ選出されたが、タイトルは獲っていない。今年は「村上以上に打つつもりでやっている」と宣言した清宮幸太郎と、過去3年間で196安打放っている野村佑希を交えた若手トリオがチームを象徴する顔だ。

課題はリリーフ陣の整備。昨年の29セーブ（6位）、99ホールド（5位）はリーグ下位なのに、リリーフの防御率は2・95（4位）と悪くない。一人ひとりのスキルアップよりリリーフ勢の要員を増やすのが先決だということである。ピッチングスタッフ表の「その他」に中継ぎ要員の宮西尚生《なおき》、北山亘基《こうき》、黒木優太（吉田輝星との交換トレード）が入っているのを見れば、球団の準備が行き届いているのがわかる。

スタメン分析

五十幡亮汰の一番定着でチームは変わる

昨年はシーズン途中にトレードを結構、仕掛けた。郡司裕也（中日）、山本拓実（中日）、福田光輝（ロッテ）である。その前年は、田中正義（ソフトバンク）、齋藤友貴哉（阪神）、マルティネス（中日）、伏見寅威《とらい》（オリックス）、江越大賀（阪神）が加わり、郡司、田中、マルティネス、伏見、江越が戦力になった。

ただ、各ポジションでレギュラーが定まらなかった。とくに戦略的に重要なセンターラインだ。二塁手＝加藤豪将33、石井一成29、上川畑大悟《かみかわばただいご》26、谷内亮太24、奈良間大己《ならまたいき》21、水野達稀21、細川凌平20、遊撃手＝上川畑大悟81、奈良間大己44、捕手＝伏見寅威88、清水優心31、マルティネス31、古川裕大《ゆうだい》15、郡司裕也9という出場試合数の散らばり具合を見ると、今シーズンも定着は難しそうだ。

打線でキーになるのは五十幡亮汰。シーズン中、必ず大ケガをして長期欠場を余儀なくされるというのは入団9年目までの荻野貴司（ロッテ）とよく似ている。ただ、足の速さは五十幡が上回る。この俊足を1番で使わない手はない。

体格は新人の21年時が171センチ、67キロ、24年時は171センチ、65キロ。これは

スタメン候補

	［スタメン］	［控え］
捕	マルティネス	進藤　勇也
		郡司　裕也
一	野村　佑希	＊矢澤　宏太
二	＊細川　凌平	＊加藤　豪将
三	＊清宮幸太郎	有薗　直輝
遊	奈良間大己	＊上川畑大悟
		山田　遥楓
左	松本　剛	＊スティーブンソン
中	＊五十幡亮汰	＊淺間　大基
右	万波　中正	＊田宮　裕涼
D	レイエス	今川　優馬

＊は左打ち

最大の武器、脚力を体重増によって消したくないからだろう。しかし、五十幡の課題は打撃力アップ。体重増により打球のスピードを上げてヒットを増やす、そろそろ、そういうことを考える時期にきているのではないか。

「筋肉量のアップでスピードが加速される」という意見もある。規定打席に到達して打率２割６分くらい打てばヒットを１４０本、四死球を50くらい記録できるので、30盗塁は可能になる。

私はイチローがメジャー記録のシーズン２６２安打（04年）を記録したときにＮＨＫのＢＳ放送が制作した「３０００本！　見せますイチロー全安打　２５３７～３０００本」や、「大谷翔平　〝二刀流〟デビュー　全記録！」のような動画が大好きで一日中見ていても飽きないので、「五十幡亮汰　塁間を跳んだ１００盗塁の軌跡」のような作品を作ってくれたら、お酒を呑みながら毎日でも見ていられると思う。五十幡の足はイチローのヒット、大谷のホームランと同じくらい私には魅力がある。

エスコンフィールド北海道景気で、スティーブンソン、レイエスという年俸1億円以上の新外国人を迎え入れることができたわけだが、すでに在籍している選手だけでも戦えると思っていたので、実はちょっと残念である。

今年からGMだった稲葉篤紀氏が二軍監督に就任するため、チーム編成と球団運営の舵取り役に前監督の栗山英樹氏が「チーフ・ベースボール・オフィサー（CBO）」として迎え入れられた。もともと吉村浩・チーム統括本部長が「根本陸夫になりませんか」の誘い文句で日本ハムの監督に招いているので、フロント入りは時間の問題だったのだろう。その初代CBOの看板に傷をつけたくない、という配慮があったのだと思う。私には新外国人の補強が十分すぎるように見えた。

栗山氏のフロント指数を、少し足りない陣容で見たかった。根本陸夫氏が作り上げた西武王国は盤石なレギュラーで構成されていたが、92年以降、デストラーデ、秋山幸二、石毛宏典と1人ずつ抜けていくと、どんどん弱体化していった。そこを再度補正して、完全な王国を作り上げる前に根本氏はダイエー（ソフトバンク）に移籍してしまうのだが、栗山氏には日本ハムで根本氏ができなかった夢の球団作りを完成させてほしい。

ピッチングスタッフ分析

出戻り助っ人、バーヘイゲンの内角攻め

投手陣で注目したいのは20～21年、日本ハムに在籍していたバーヘイゲンが筆頭候補。

20年　111・2回　8勝6敗　与四球29　与死球6　奪三振115　防御率3・22
21年　96回　5勝8敗　与四球33　与死球6　奪三振100　防御率3・84

在籍時の成績を見ても凄さは伝わってこないが、残された映像（主にパ・リーグTV）を見ると、内角球の際どさ、鋭さに震えがくる。

黒田博樹（元広島）が日本球界（広島）に復帰した15年、メジャーで普及（流行）している右投手が右打者の内角に投げるスライダーの軌道を「フロントドア」と表現して以来、日本でも知られるようになったが、このフロントドアへのスライダーをバーヘイゲンはよく投げる。左右打者の内角に投げるストレートも多いので死球が多いと思ったが、20、21年とも6個なので、まあまあ多い、くらい。

ただ、中6日で先発登板してコンスタントに6回くらい投げられたら、相手チームは相当内角球に意識を植えつけられる。それくらい、内角攻めが強烈なので、与死球の少ない（昨年の50与死球はリーグ4位）日本ハム投手は恩恵を受けると思う。

ピッチングスタッフ			
［先発］	［中継ぎ］	［抑え］	［その他］
伊藤　大海	池田　隆英	田中　正義	＊宮西　尚生
＊山﨑　福也	＊河野　竜生		北山　亘基
＊加藤　貴之	マーフィー		鈴木　健矢
金村　尚真	＊福田　俊		達　孝太
バーヘイゲン	＊堀　瑞輝		＊上原　健太
＊根本　悠楓	ザバラ		＊細野　晴希
			黒木　優太

＊は左投げ

同じく先発組の伊藤大海《ひろみ》も、23年の与死球8個はリーグ最多だったので内角攻めが目立つ。伊藤は7勝10敗で負け越しているが、4敗は9月に登板した4試合のうち3試合で負け投手になったことが響いた。

伊藤とほぼ同じ勝敗の加藤貴之は内容で上回っている。伊藤の防御率3・46に対して、加藤は2・87。とくによさが目立つのがコントロールだ。与四球率0・88はリーグでは圧倒的なナンバーワンだ。オリックスから移籍してきた山﨑福の与四球率1・66も凄い数字だ。持ち球のチェンジアップ、スライダー、カットボール、カーブ、フォークボールを自由自在に操れる。おまけに130・1回投げて与死球5でわかるように、攻撃的な配球をする。

もし伊藤、バーヘイゲン、山﨑福のローテーションで回ったら、最初に対戦したチームは内角を意識させられバッティングに狂いを生じるかもしれない。そういうピッチングを意識して行えるところが最大の長所である。

ここまで安定勢力のバーヘイゲン、伊藤、山﨑、加藤を紹介してきたが、日本ハムが優勝するには彼らだけでは不十分だ。若手の金村尚真、根本悠楓《はるか》、彼らが活躍できなかった場合の細野晴希まで含めた陣容で「86勝」（23年のオリックス勝利数）を積み上げなければトップに届かない。

金村は昨年、2勝1敗、防御率1・80を挙げたが、右肩の不調で4月18日以降、1試合しか登板していない。その1試合が9月22日の楽天戦で、6回3分の2を3安打、無失点で抑え切り、1勝を挙げている。

根本は23年の3勝1敗、防御率2・88という数字と、シーズン後に行われた第2回アジアチャンピオンシップの好投を見て、今シーズンの戦力だと確信した。173センチ、77キロの体格と左腕のスリークォーターという投球フォームを見れば、すぐオリックスの宮城大弥《ひろや》を思い浮かべる。

150キロを超えるストレートにキレ味鋭いスライダー、さらに、チェンジアップ、フォークボール、カーブまで駆使して相手打者を翻弄する投球術は先発ローテーションと呼ぶにふさわしい。この2人が戦力にならないとは考えられないが、期待外れだった場合、先発組に割り込んでくるのがドラ1の細野だ。この選手の最速158キロのストレートには歴戦のプロでも相当手を焼くと思う。

ドラフト分析 最速158キロ左腕、細野晴希が秘める大物感

投手陣の話をもう少ししたい。プロ2年目の金村尚真、3年目の根本悠楓がスタンバイできている。金村については、23年版のドラフト分析で書いたことを再録しよう。「被打率1割7分8厘、与四球率0・99、奪三振率9・90」(日刊スポーツドットコム、22年10月21日配信)。根本はシーズン終了後に行われた第2回アジアチャンピオンシップに選出され、オープニングラウンドのチャイニーズ・タイペイ戦、決勝の韓国戦に登板し、合計5イニング投げて失点0という見事なピッチングをした。

チャイニーズ・タイペイ戦　2回　0安打　与四死球0　奪三振3　失点0
決勝・韓国戦　3回　1安打　与四死球0　奪三振4　失点0

173センチは現代野球では小兵だが、ストレートは150キロ以上を計測し、サイド気味の腕の振りから四隅に投げ分ける高度な技巧はオリックスの宮城大弥を思わせる。

このチームの課題は抑え役・田中正義だ。全投球に占めるストレートの割合は7割を超えるが、このへんでフォークボールを落とせば打者は空振りするだろう、という場面でもストレートにこだわるのが不安要素。

昨年は自信を取り戻す意味でも、ストレート勝負にこだわる姿勢は納得できたが、今年は勝つことに意識を置いて投げてほしい。47試合、46・1回投げて被安打43は打たれすぎ。抑え役の防御率3点台（3・50）は他では益田直也（ロッテ）、山崎康晃（DeNA）くらいしかいない。

この投手陣を擁する日本ハムの**1位が細野晴希**（東洋大）である。外れ外れ1位は私にはかなり意外な結果で、評価が下がった理由はコントロールの不安定さにあるようだ。確かにリーグ戦の与四球率は5点台を記録するが、細野のコントロールがよくない、と思ったことは一度もない。

一番印象に残る試合は22年春のリーグ戦、専修大との1回戦だ。第7週と言っても東都大学2部リーグの優勝決定戦と言っていい試合で、専大の先発は22年ロッテ1位の菊地吏《り》玖《く》。結果から言うと0対0で迎えた延長10回表、タイブレークから2点入れた専大が2対1で東洋大を下したのだが、細野は9回限りで降板していた。

細野の投球内容は9回を投げて被安打3、与四死球0で奪三振は10だった。ストレートの球速は菊地の147キロに対して細野は150キロ（巨人・柏田貴史スカウトのスピードガン表示）。球数が100球を超えた8回表、2死の場面で8番打者から奪った三振は149キロのストレートだった。変化球はスライダー、カーブ、カットボール、チェンジアップ、ツーシーム、フォークボールとひと通り揃い、どの球種もキレとコントロールを備えている。

同年6月20日に行われた中央大との1、2部入れ替え戦は西舘勇陽《にしだてゆうひ》（巨人1位）との投げ合いになり、チームの勝敗は8対4で東洋大が勝ち、投手としての大物くらべでも、私には細野のほうがよく見えた。

ストレートの最速は細野の155キロ、西舘の154キロで互角、変化球も細野のほうが多彩だった。ちなみに、西舘は無走者でもクイックモーションで投げ、始動から投げた球がキャッチャーミットに収まるまでのタイムは最速1・01という速さ。

もう一戦だけ細野のピッチングを紹介する。それはテレビで観戦した侍ジャパンU-18壮行試合、大学日本代表対高校日本代表戦である。細野は大学生チームの5番手で登板し、7番小林隼翔《はやか》を156キロのストレートで空振りの三振、8番知花慎之助を157キロのストレートで空振りの三振、9番緒方漣《れん》を154キロのストレートでライトフライに打ち取っている。

この壮行試合で細野の球を受けたのが**2位進藤勇也**（上武大・捕手）である。4回でベンチに下がるまで高校日本代表をキャッチャーとして0点に抑えた。バッティングは2番手森煌誠《こうだい》（徳島商高）のカーブをセンター前に運んでいる。6月に行われた全日本大学野球選手権では攻守の中心になってチームを決勝まで導き、敢闘賞を受賞している。私が見た21年春のリーグ戦、新潟医療福祉大1回戦では5番・捕手としてスタメン出場し、桐敷拓馬（阪神）から第1打席でタイムリー二塁打、2死二、三塁で迎えた第3打席では初球の外角ストレートをおっつけて右中間へ3ランを放っている。

イニング間の二塁送球タイムは毎試合、1・9秒台を計測し、自己申告の遠投120メートルも信憑性があった。21年春、22年春、秋のリーグ戦にはベストナインに選出されているように、リーグを代表する扇の要。

3位宮崎一樹《かずき》（山梨学院大・外野手）は19年夏の甲子園大会1回、熊本工高戦では山梨学院高の2番・中堅手として出場、3打数1安打を記録している。昨秋のドラフトで日本ハムが指名した5人の遠投記録は、ドラフト翌日の日刊スポーツ紙によると、1位細野＝125メートル、2位進藤＝120メートル、3位宮崎＝120メートル、4位明瀬《みょうせ》諒介《りょうすけ》＝110メートル、5位星野ひので＝103メートルと、身体能力の高い選手が多い。

宮崎は大学日本代表候補による松山で行われた冬の強化合宿で、50メートル走5・9秒という俊足を披露。ライトから三塁、ホームへのノーバウンド送球の強さも広く知られている。侍ジャパンU－18壮行試合では大学日本代表の1番・右翼でスタメン出場し、3打数ノーヒット。日米大学野球選手権の代表メンバーに選出され、1試合の出場に終わっている。

4位明瀬諒介（鹿児島城西高・内野手）はストレートの最速が152キロを計測する投手と一塁を兼任する大型選手。注目を集めるのはバッティングのほうで、高校通算ホームランは49本を数える。

鹿児島城西高・佐々木誠監督は、南海（現ソフトバンク）に在籍していた92年、打率・322で首位打者に輝いている。高校でも独立リーグでも元プロの指導者は細かい技術指導より、「強くバットを振る」「強く腕を振る」指導で長所を伸ばすのがうまい。明瀬はキャッチャー寄りまでボールを呼び込んで後ろ手で押し込むパワーバッティングを持ち味とする。この素材型を日本ハムがどのようにカドを取っていくのか興味深い。

5位星野ひので（前橋工高・外野手）は高校通算16本塁打の外野手。早めに前足を引いてステップするタイミングを計り、ステップは急がず、闇夜を歩くときのように慎重。緩急に対応できるバッティングスタイル。

バットが下から煽るように出て行くアッパースイングが不安要素。ただ、ボールを捉えたあとの大きいフォロースルーに魅了される部分もある。バットを振り出す位置がもう少し高くなると大化けするかも。

著者略歴――――
小関順二　こせき・じゅんじ
スポーツライター。1952年神奈川県生まれ。日本大学芸術学部文芸学科卒業。プロ野球のドラフト（新人補強）戦略の重要性に初めて着目し、野球メディアに「ドラフト」というカテゴリーを確立した。2000年より年度版として刊行している『プロ野球 問題だらけの12球団』シリーズのほか、『プロ野球 問題だらけの選手選び―あの有名選手の入団前・入団後』『甲子園怪物列伝』『「野球」の誕生 球場・球跡でたどる日本野球の歴史』（いずれも草思社）、『ドラフト未来予想図』（文藝春秋）、『野球力 ストップウォッチで判る「伸びる人材」』（講談社＋α新書）、『間違いだらけのセ・リーグ野球』（廣済堂新書）、『大谷翔平 奇跡の二刀流がくれたもの』『大谷翔平 日本の野球を変えた二刀流』（いずれも廣済堂出版）など著書多数。CSテレビ局スカイ・A sports＋が中継するドラフト会議の解説を1999～2021年まで務める。同会議の中継は20年度の衛星放送協会オリジナル番組アワード「番組部門中継」の最優秀賞を受賞。15年4～7月に、旧新橋停車場 鉄道歴史展示室で行われ好評を博した「野球と鉄道」展の監修を務める。

2024年版
プロ野球 問題だらけの12球団

2024年2月29日　第1刷発行

著　者　小関順二
デザイン　あざみ野図案室
発行者　碇　高明
発行所　株式会社 草思社
〒160-0022　東京都新宿区新宿1-10-1
電話　営業 03(4580)7676　編集 03(4580)7680

本文組版　有限会社 一企画
本文印刷　株式会社 三陽社
付物印刷　中央精版印刷 株式会社
製本所　加藤製本 株式会社

ISBN978-4-7942-2716-4 Printed in Japan　検印省略